Les Perses

*La littérature grecque et latine
dans la même collection*

ARISTOPHANE, *Théâtre complet.*

CÉSAR, *La Guerre des Gaules.*

CICÉRON, *De la République. Des lois.*

ESCHYLE, *Orestie* (édition avec dossier). — *Les Perses* (édition avec dossier). — *Théâtre complet.*

ÉSOPE, *Fables.*

EURIPIDE, *Théâtre complet* I : *Andromaque. Hécube. Les Troyennes. Le Cyclope.*

HOMÈRE, *L'Iliade* (édition avec dossier). — *L'Odyssée.*

HORACE, *Œuvres.*

LONGUS, *Daphnis et Chloé.* MUSÉE, *Héro et Léandre.*

LUCRÈCE, *De la nature.* — *De la nature* (bilingue).

MARC AURÈLE, *Pensées pour moi-même.*

OVIDE, *Les Métamorphoses.*

PÉTRONE, *Satyricon.*

PLAUTE, *Amphitryon* (édition bilingue avec dossier). — *L'Aululaire. Amphitryon. Le Soldat fanfaron.*

PLUTARQUE, *Vies parallèles.*

Le Roman d'Alexandre.

SAINT AUGUSTIN, *Les Confessions.*

SALLUSTE, *Conjuration de Catilina. Guerre de Jugurtha. Histoires.*

SÉNÈQUE, *Lettres à Lucilius.* — *Médée* (édition avec dossier).

SOPHOCLE, *Antigone* (édition avec dossier) — *Théâtre complet.*

SUÉTONE, *Vies des douze Césars.*

TACITE, *Annales.*

TÉRENCE, *Héautontimorouménos. Les Adelphes. Phormion.*

THUCYDIDE, *Histoire de la guerre du Péloponnèse.*

TITE-LIVE, *De la fondation de Rome à l'invasion gauloise* (Histoire romaine, Livres I à V). — *La Conquête de l'Italie* (Histoire romaine, Livres VI à X). — *La Seconde Guerre punique* I (Histoire romaine, Livres XXI à XXV). — *La Seconde Guerre punique* II (Histoire romaine, Livres XXVI à XXX). — *La Libération de la Grèce* (Histoire romaine, Livres XXXI à XXXV). — *Les Progrès de l'hégémonie romaine* I (Histoire romaine, Livres XXXVI à XXXIX). — *Les Progrès de l'hégémonie romaine* II (Histoire romaine, Livres XL à XLIV).

VIRGILE, *L'Énéide.* — *Les Bucoliques. Les Géorgiques.*

ESCHYLE

Les Perses

•

CHRONOLOGIE
PRÉSENTATION
DOSSIER
BIBLIOGRAPHIE

par Danielle Sonnier

TRADUCTION
NOTES

par Danielle Sonnier & Boris Donné

GF Flammarion

© Danielle Sonnier & Boris Donné, 2000, pour la traduction.
© Flammarion, 2000, pour l'appareil critique.
ISBN : 978-2-0813-3668-1

SOMMAIRE

CHRONOLOGIE   8

PRÉSENTATION   15

QUELQUES MOTS
SUR LA TRADUCTION   72

NOTE SUR LA MÉTRIQUE   77

Vie anonyme d'Eschyle

Les Perses

DOSSIER

1. Perse réelle,
   Perse imaginaire   175
2. Arts de la guerre, récits guerriers   198
3. La Grèce contre l'Asie :
   la démocratie contre les rois d'Orient   211
4. La part du religieux   219
5. Les leçons des *Perses*   230

CARTES
ET TABLEAU GÉNÉALOGIQUE   239

BIBLIOGRAPHIE   245

CHRONOLOGIE

	REPÈRES HISTORIQUES	VIE LITTÉRAIRE ET THÉÂTRALE
750	Fondation d'Athènes par Thésée. Fin de la royauté.	
VIIIe-VIIe siècle	Gouvernement des Eupatrides.	
594	Archontat de Solon.	
565		Institution des Grandes Panathénées.
561	Tyrannie de Pisistrate.	
560		Spectacles tragiques de Thespis.
557-530	Cyrus, roi des Mèdes et des Perses.	
546	Conquête de l'Asie Mineure par les Perses.	
540	Naissance d'Aristide.	
534		Premier concours de tragédie aux Grandes Dionysies.
525	Naissance de Thémistocle.	Naissance d'Eschyle.
522-486	Darius, roi des Mèdes et des Perses.	

520-510	Achèvement du premier temple d'Athéna sur l'Acropole.	
518		Naissance de Pindare.
510	Chute de la tyrannie des fils de Pisistrate, Hippias et Hipparque. Naissance de Cimon.	
508	Réformes de Clisthène (découpage administratif du territoire de l'Attique en dèmes).	
499	Naissance de Périclès. Révolte de l'Ionie contre les Perses.	
496		Naissance de Sophocle.
494	Les Perses prennent Milet et soumettent l'Ionie révoltée.	
493		*La Prise de Milet*, tragédie de Phrynikhos.
491-490	Première guerre médique ; victoire de Miltiade sur les Perses à Marathon.	

	REPÈRES HISTORIQUES		VIE LITTÉRAIRE ET THÉÂTRALE
488-480	Fondation d'un nouveau temple d'Athéna qui sera détruit en 480.		
488	Institution de l'ostracisme.		
486-465	Xerxès, roi des Mèdes et des Perses.		
485			Premier concours de comédie.
484			Première victoire d'Eschyle à un concours de tragédie. Naissance d'Hérodote.
483-482	Découverte des gisements d'argent du Laurion. Construction de la flotte athénienne.		
481-478	Deuxième guerre médique.		
480	L'armée de Xerxès traverse la Thrace. Combat des Thermopyles. Prise d'Athènes par les Perses. Victoire grecque à Salamine.		Naissance d'Euripide.

479	Thémistocle reconstruit les murs d'Athènes et la *cella* du temple d'Athéna. Victoires grecques à Platée (Béotie) et au cap Mycale (Asie Mineure).	
477	Fondation de la Ligue de Délos.	
476		Eschyle invité en Sicile par le tyran Hiéron compose une tragédie pour la fondation d'Etna, *Les Etnéennes* (mais la date est discutée).
472	Ostracisme de Thémistocle. Prépondérance de Cimon, fils de Miltiade.	Représentation des *Perses* d'Eschyle.
469		Naissance de Socrate.
468	Victoire de Cimon sur les Perses à l'Eurymédon (Asie Mineure). Mort d'Aristide.	Naissance de Thycydide.
467		*Les Sept contre Thèbes, Laïos, Œdipe, Le Sphinx* d'Eschyle remportent le prix.
463		Eschyle, *Les Suppliantes*.

	REPÈRES HISTORIQUES	VIE LITTÉRAIRE ET THÉÂTRALE
462	Réformes démocratiques d'Éphialte : début du « siècle de Périclès ». Ostracisme de Cimon.	
460	Mort en exil de Thémistocle.	
459	Début de la première guerre du Péloponnèse. Expédition en Égypte.	
458		*L'Orestie* (*Agamemnon*, *Les Choéphores*, *Les Euménides*), trilogie d'Eschyle, remporte le prix.
456		Eschyle est à nouveau invité en Sicile par le tyran Hiéron.
457-456	Accession des citoyens de troisième classe à l'archontat.	
455	Projet de Mnésiklès pour le sanctuaire d'Athéna Niké.	Mort d'Eschyle à Géla. Première pièce d'Euripide. Débuts de l'art oratoire.

450	Décret de Périclès sur le droit de citoyenneté des Athéniens. Achèvement des Longs Murs reliant Athènes et Le Pirée.	
449	Paix de Callias entre Athènes et les Perses. Mort de Cimon.	
447-438	Construction du Parthénon.	
446	Périclès tente de réunir un congrès panhellénique. Défaite d'Athènes en Béotie. Paix de « trente ans » entre Athènes et Sparte.	Naissance d'Aristophane

Présentation

Lorsque, à l'entrée de l'Acropole d'Athènes, on se présente devant les Propylées, on trouve sur la droite un petit sanctuaire d'Athéna Niké, qui avait été détruit par les envahisseurs perses en 480 avant notre ère, puis reconstruit par Callicratès. Il renferme une Victoire aptère, *sans ailes*. On a émis l'hypothèse que les Athéniens l'avaient fait représenter ainsi – sans les ailes qui étaient ses attributs traditionnels – afin qu'elle reste pour toujours dans leur camp. Et si, tout de même qu'ils craignaient que des individus trop magnifiquement doués n'excitent la jalousie des dieux, ils avaient pensé que les signes trop éclatants de l'orgueil du vainqueur risquaient de leur porter malheur ? La tragédie des *Perses*, qui montre la défaite de l'ennemi sans jamais faire état directement de la joie obscène du vainqueur, obéit peut-être à cette règle de *mesure* qui vise à détourner les représailles divines qu'encourent des mortels trop heureux ; et c'est sans doute ce qui, aujourd'hui, fait obstacle à notre pleine compréhension de cette œuvre dramatique fondatrice. Si l'on veut saisir la portée de cette tragédie d'Eschyle, la plus ancienne de toutes les pièces antiques conservées, il est nécessaire de la situer dans le contexte historique qui est le sien – en mesurant sa singularité d'œuvre d'actualité, sinon de circonstance ; nécessaire aussi de l'inscrire dans l'histoire, encore balbutiante, du genre tragique. Mais *Les Perses* sont bien plus qu'une vive peinture du fracas de l'Orient contre la Grèce antique, à Salamine, en 480, ou qu'un témoignage précieux sur les enfances de la tragédie : il s'agit surtout d'une œuvre dramatique souverainement maîtrisée dans sa composition et dans la gradation de ses effets, quoi que l'on ait pu dire de son caractère « statique » ; d'une œuvre habile à détourner vers le théâtre les registres épique et lyrique ; d'un spectacle tragique qui invite le spectateur, ou le lecteur, à une profonde méditation sur la vanité de certaines entreprises humaines, sur les revers que le destin et les dieux réservent aux présomptueux. Et peut-être s'agit-il, aussi, d'une tragédie ambiguë, hybride, où la compassion pour l'adversaire défait n'est que le masque d'une secrète jubilation de la part de vainqueurs qui, par les prestiges de la poésie dramatique, auront su éterniser sans tapage tout l'éclat de leur victoire.

Eschyle et les Perses dans l'Histoire

Survivance d'Eschyle

Si Homère apparaît comme le père de toute la littérature grecque et l'« instituteur » de la Grèce, aussi bien inspirateur des poètes tragiques que des poètes comiques, l'*Iliade* constituant la matrice de toutes les représentations des nobles actions des héros et des princes – la tragédie –, l'*Odyssée* servant de modèle au tableau de la vie tranquille et familiale dans tous ses aspects émouvants, drôles ou sordides – la comédie –, Eschyle a été pris dans un autre classement. En effet, bien que les Ve et IVe siècles n'aient pas vu naître moins de quatre-vingt-dix auteurs de pièces tragiques, la tradition ne nous en a guère livré qu'une triade fameuse : témoin Cicéron qui soutient que « malgré la différence de leur manière, on place presque au même rang de gloire, chez les Grecs, Eschyle, Sophocle, Euripide [1] ». On aime à rappeler, pour en prouver le bien-fondé, cette chronologie « idéale » et si mnémotechnique : en l'année 480, Eschyle se bat à Salamine, le beau Sophocle âgé de seize ans mène le chœur du péan de la victoire, et Euripide naît – à Salamine.

Au-delà de cette commodité d'appréhension, qui rappelle d'autres trinités littéraires en d'autres siècles, on peut se poser la question, dans le cadre de la conservation et de la transmission des textes, des critères qui ont présidé au choix des auteurs de cette très exclusive sélection, tant pour les poètes tragiques que pour les pièces – puisque là aussi le sacrifice et la perte ont été immenses.

L'on sait que, dans un premier temps, les philosophes de l'école péripatéticienne ont poursuivi les travaux de

---

1. Cicéron, *De Oratore*, III, 27.

réflexion sur les tragédies, à la suite de leur maître Aristote ; puis que, dès la fin du IIIe siècle, les grammairiens de la bibliothèque d'Alexandrie ont commencé à élaborer une édition des Tragiques, en particulier Aristophane de Byzance à qui l'on doit le texte tel qu'il apparaîtra dans les manuscrits du Moyen Âge. On constate que siècle après siècle la gamme des œuvres littéraires conservées est allée s'étrécissant. Un grand érudit allemand du début du XXe siècle, Ulrich von Wilamowitz, a proposé le scénario suivant : un professeur éminent aurait établi un programme d'étude pour son école, comportant sept pièces d'Eschyle, sept de Sophocle, dix d'Euripide – programme si apprécié que d'autres écoles l'auraient adopté. D'autre part, des œuvres consultées et citées au IXe siècle par Photius ont disparu plus tard des bibliothèques. Il n'y a là peut-être qu'une série de hasards, pertes ou destructions sans intention. Néanmoins on demeure troublé par ces chiffres fatidiques : trois grands auteurs, sur le modèle des triades divines ; sept grandes pièces – et l'on pense aux grands septénaires, des Sages de la Grèce ou des Merveilles du Monde. Ces nombres fleurent la construction volontaire, et d'un *corpus* restreint, et d'un panthéon littéraire. Les sept tragédies d'Eschyle qui nous sont restées sont *Les Perses*, *Les Sept contre Thèbes*, *Les Suppliantes*, *Prométhée enchaîné* et une trilogie, *L'Orestie*, composée d'*Agamemnon*, *Les Choéphores* et *Les Euménides*. « Si peu de choses, parmi tant » : Eschyle aurait en effet composé près de quatre-vingt-dix tragédies, et une vingtaine de drames satyriques.

Au Ier siècle avant notre ère, à l'époque où Rome succède à Alexandrie comme capitale culturelle, un scholiaste alexandrin, Didyme, enrichit le texte eschyléen de commentaires ; ses successeurs le « régularisent », en lui enlevant de ses étrangetés, de ses archaïsmes. Au VIe siècle, un autre érudit, Hésychius, tenta de restaurer l'état ancien. Sans développer cette difficile question, il faut avoir conscience de l'état parfois désespéré du texte, dû à l'abondance des remaniements et des corrections, pas toujours légitimes ; une extrême confusion tant dans l'orthographe que dans la délimitation des vers (qui furent longtemps notés à la suite, comme de la prose) n'a rien arrangé[1].

---

1. Les causes des altérations du texte dues à cette histoire mouvementée peuvent se ramener à quatre types. 1. L'absence de

Après la fermeture de l'école d'Athènes, de nombreux manuscrits ont été détruits et il a fallu attendre le milieu du IXe siècle pour assister à une manière de renaissance des études grecques, à Constantinople d'abord, puis en Europe occidentale. Vers l'an Mil ont été copiés d'une même source byzantine le codex Mediceus (ou Laurentianus 32, 9 : le texte d'Eschyle le plus ancien que nous possédions, et le plus sûr), et un autre codex, aujourd'hui perdu, mais qui a sans doute servi de base pour les principaux manuscrits ultérieurs (Ambrosianus, Marcianus, Laurentianus 31, 2, Parisinus : datant du XIIIe siècle ou du début du XIVe ; ils présentent par rapport au Mediceus des variantes et des scholies qui méritent attention). C'est à travers de tels filtres que nous parvient encore la lumière de l'œuvre eschyléenne.

ESCHYLE, POÈTE ET SOLDAT

Eschyle est né en Attique, d'une famille aristocratique, dans un dème[1] voisin d'Athènes, à Éleusis, sur le rivage du golfe Saronique en face de l'île de Salamine ; Éleusis, bien connue pour le culte à mystères consacré à Déméter, déesse de la terre et des moissons, et à sa fille Perséphone-Koré. Eschyle a-t-il été initié à ces mystères ? La chose est fortement contestée ; dans *Les Grenouilles*, cependant, quelques mots d'Aristophane le donnent à penser. Aux Enfers, le personnage d'Eschyle, invité par Dionysos à se mesurer avec Euripide, invoque ainsi la

---

séparation des mots, d'où les coupures erronées, par la suite : ainsi dans une pièce d'Eschyle, le nom de la déesse *Pallas* est confondu avec *ep'allas*, « vers d'autres »). 2. La ressemblance de certaines lettres soumises en outre aux variations des graphies médiévales du grec, les mélectures d'une abréviation de la sténographie usuelle (*ounon* pour *ouranon*, « le ciel », devenu *oun*, « donc »). 3. La confusion de deux mots voisins. 4. Des additions de vers faites par quelque lecteur cultivé, intégrés par la suite au texte, ou parfois des interversions de vers. Certains passages de la tragédie sont vraiment des *loci desperati*, impossibles à rétablir de manière sûre et satisfaisante. Il faudrait aussi évoquer ce qu'on a appelé le *vitium byzantinum* : à Byzance, les scribes notaient les pièces grecques en vers dodécasyllabiques qui devaient porter un accent d'intensité sur la syllabe pénultième ; ils ont donc pour les besoins de leur cause modifié considérablement le texte.
1. Les *dèmes* sont les divisions administratives du territoire de l'Attique.

déesse : « Déméter, qui as nourri mon esprit, / fais que je sois digne de tes mystères[1]. »

Il commença tôt à composer des tragédies, par *vocation* peut-être, au sens originel du terme, c'est-à-dire en répondant à l'appel du dieu. Pausanias, dans sa *Description de l'Attique* (XXI, 2), prête à Eschyle cette confidence : comme, adolescent, il dormait dans un champ où il devait veiller sur le raisin, Dionysos lui apparut et lui donna ordre d'écrire des tragédies, ce qu'il fit avec la plus grande facilité... Les quelques oracles et anecdotes qui émaillent la *Vie* anonyme d'Eschyle[2], que l'on passe souvent sous silence comme apocryphes, indignes, ou superstitieux – dédain révélant la difficulté, pour nos consciences contemporaines, de comprendre le rapport des Anciens au monde et aux dieux –, quand bien même ils seraient controuvés, prouvent bien la nécessité de mettre la haute figure d'Eschyle sous le signe du sacré et du respect de la chose divine. L'existence des présages est d'ailleurs fondamentale dans la tragédie des *Perses*, sous toutes les formes qu'ils empruntent.

Eschyle nous offre la synthèse, rarement réalisée dans l'Histoire, d'un soldat et d'un poète[3]. Derrière Thémistocle, chef du groupe démocrate dont les positions seront reprises par Périclès, il a été sur le terrain, victorieux à la guerre avec le peuple grec à Marathon en 490 avant notre ère, puis à Salamine en 480, enfin à Platée. Dans un autre type d'*agôn* – *agôn* désignant à la fois le combat et la compétition dramatique –, il a été reconnu vainqueur aux concours tragiques pour la première fois en 484, et pas moins de treize fois durant sa vie ; et encore de manière posthume, même si, dans sa vieillesse, il commençait à être éclipsé par la gloire montante du jeune Sophocle. Une rivalité l'avait aussi opposé à Simonide pour l'éloge des morts de Marathon.

Il fut, avec les poètes lyriques Bacchylide et Pindare, sollicité par le tyran de Syracuse, Hiéron. Celui-ci, après

---

1. Aristophane, *Les Grenouilles*, v. 886-887.
2. On en lira la traduction plus loin, p. 81-88.
3. On pense à Agrippa d'Aubigné, nourri d'ailleurs de tragédies grecques ; il avait même projeté, écrit-il dans l'adresse « Aux Lecteurs » de ses *Tragiques*, d'appeler le troisième livre de son poème *Ubris*, évoquant la démesure, la présomption (*hybris*, comme on transcrit maintenant ce terme grec) fatale aux héros tragiques.

l'avoir invité en Sicile pour organiser une représentation des *Perses* (on s'est demandé si le texte que nous possédons est celui de la représentation athénienne, ou celui de la reprise sicilienne[1]), le fit revenir et lui commanda une pièce pour la fondation de la ville d'Etna dont il confiait le gouvernement à son fils Dinomanès : ce furent *Les Etnéennes*, aujourd'hui perdues. C'est en Sicile, à Géla, qu'Eschyle meurt en 456. Lorsque Pausanias dans sa *Description de l'Attique* mentionne le temple d'Eukleia (la Gloire), consacré à la victoire sur les Mèdes[2], il souligne que c'est de Marathon que les Grecs sont le plus fiers et qu'« Eschyle, lorsqu'il vit venir la mort, ne fit mention d'aucun autre fait dans son épitaphe, lui qui avait pourtant atteint une telle gloire dans la poésie et qui avait combattu sur mer à l'Artémision et à Salamine ; et après son nom, celui de son père et celui de sa cité, il écrivit qu'il avait pour témoins de son courage le bois de Marathon et les Mèdes qui avaient débarqué[3] ».

Ce rapide parcours de la vie d'Eschyle, ainsi que la nature du dernier épisode, permettent de poser plusieurs questions : celle des circonstances de composition, voire de commande ou d'*attente* des pièces ; celle de la manière dont ces conditions, en particulier le contexte politique, influent sur la nature même d'une pièce telle que *Les Perses*. Si Eschyle peut apparaître successivement, eu égard aux liens qui existent entre l'émergence du nouveau régime et le statut du théâtre, comme un champion de la démocratie, puis comme l'hôte stipendié d'un tyran de Sicile, il faut essayer de comprendre la composition déjà contradictoire des données sociales, morales et politiques de la jeune démocratie, dans sa phase inaugurale ; ou bien son usure rapide, et la déception d'Eschyle devant son évolution, une fois terminée la période héroïque et fondatrice des guerres médiques

---

1. Les Siciliens, sous le commandement de Gélon de Syracuse, avaient remporté une mémorable victoire sur les Carthaginois, à Himère, l'année même de Salamine (coïncidence peut-être suspecte !) : le sujet des *Perses*, la défaite de l'ennemi, était fait pour leur plaire.
2. Les Grecs parlaient indifféremment des Mèdes ou des Perses : il faut savoir en effet que la Perse a conquis et annexé la Médie sous le règne du grand Cyrus, en 550 avant notre ère.
3. Pausanias, *Description de l'Attique*, XIV, 5. Le texte de cette épitaphe varie légèrement selon les sources. Nous citons la traduction de Marguerite Yon, publiée aux éditions Maspéro, 1972, avec une préface de Jean Pouilloux.

où avaient pu sembler un instant heureusement conciliées les valeurs traditionnelles des aristocrates, les Eupatrides, et le rôle croissant joué par le peuple, le *dèmos*. Même si c'est sans doute au-delà de telles déterminations qu'il faudra chercher l'apport véritable, et le génie, du dramaturge.

Le passé lointain des *Perses* :
une rivalité ancestrale avec l'Asie

Si l'on n'est marin, on est enclin, en contemplant les cartes [1], à penser de manière séparée la Grèce continentale, à l'ouest, et l'Asie Mineure, à l'est, de l'autre côté de la mer Égée. Mais la mer assume la double fonction de lier et de séparer : très tôt, les peuples grecs ont occupé les deux rivages au gré des incursions, des migrations ou des fondations. Il convient de rappeler que les peuples communément désignés comme « les Grecs » étaient répartis en trois grandes familles dotées de dialectes différents, qui se sont installées en Grèce et sur la côte d'Asie Mineure, approximativement aux mêmes latitudes : un groupe dit *éolien* établi à la fois en Béotie, en Thessalie et au nord de la côte d'Asie Mineure ; un groupe dit *attique-ionien* installé bien sûr en Attique, mais aussi dans les Cyclades et sur la partie médiane de l'Asie Mineure ; enfin un groupe *dorien* dont l'aire couvre une grande partie du Péloponnèse, la Crète et le sud de l'Asie Mineure.

Il ne s'agit pas de reparcourir l'histoire entière de la Grèce, mais seulement de considérer les traces vivaces que les vicissitudes des relations entre régions *rivales* aux deux sens du terme – ennemies, mais d'abord situées sur des *rives* opposées –, ont imprimées dans la mémoire et les légendes du passé. Des assauts répétés des Grecs sur la côte asiatique, la guerre de Troie a laissé le monument le plus mémorable, l'*Iliade* ; mais la prise d'Ilion serait déjà la réponse à une série de rapts et d'outrages, devenus par la suite bilatéraux. En Perse, nous dit Hérodote (*Histoire*, I, 1), « les chroniqueurs attribuent aux Phéniciens la responsabilité de la querelle [2] » : autrefois, après

---

1. Ces rappels historiques et géographiques s'éclaireront justement si l'on se reporte aux cartes, p. 244-246.
2. Pour l'*Histoire* d'Hérodote, nous citons la traduction d'Andrée Barguet, intitulée *L'Enquête* (sens premier du grec *historia*), Gallimard, « Bibliothèque de la Pléiade », 1964, et coll. « Folio », 1985.

avoir vendu leurs marchandises à Argos, des Phéniciens avisant Io, fille du roi Inachos, sur le rivage, l'auraient enlevée avec ses compagnes et emmenée en Égypte. Par la suite, en manière de représailles, des Grecs, à Tyr, ville des Phéniciens, s'emparèrent d'Europe, également fille de roi : ainsi les torts se compensaient... Ce furent les Grecs qui consommèrent l'offense suivante, lorsqu'ils firent subir le même sort à Médée, en Colchide ; d'où l'idée de Pâris, fils de Priam, de se procurer la plus belle femme de Grèce par la technique, désormais bien éprouvée, du rapt : « C'est ainsi qu'il enleva Hélène ». Les Perses, toujours selon Hérodote (*Histoire*, I, 4), trouvaient que ces enlèvements n'étaient pas de graves affaires ; mais que l'attaque de l'Asie, elle, constituait une faute majeure de la part des Grecs puisque, à leurs yeux, « l'Asie et tous les peuples barbares qui l'habitent leur appartiennent, tandis que l'Europe et les peuples grecs sont pour eux un monde distinct ». Sous le voile de la fable, il nous faut, naturellement, retenir surtout la fréquence des expéditions dans les deux sens pour trouver des terres, installer des colonies, voire simplement acquérir des richesses. La fréquentation des textes laisse soupçonner que les panégyristes d'Athènes ont eu tendance à surestimer sa prédominance dans ces mouvements d'expansion.

Depuis l'époque du siège de Troie, guerres de razzia et établissement de colonies montrent bien cette familiarité entre les deux façades maritimes. Ainsi, Teucer, frère d'Ajax, banni de Salamine, justement, avait fondé une nouvelle Salamine dans l'île de Chypre : elle est mentionnée dans la pièce (v. 894-895) parmi les possessions de Darius. L'invasion dorienne dans le Péloponnèse détermina le repli des Achéens et des Ioniens sur l'Attique, puis leur migration vers les îles de la mer Égée et en Asie Mineure, où douze villes ioniennes s'unirent en confédération. Si l'œuvre « scientifique » du géographe Strabon nous renseigne sur la colonisation ionienne de l'Asie Mineure accomplie par le roi Codros, la poésie est riche aussi de témoignages : ainsi l'*Hymne à Apollon* peut-il être lu comme le mythe de l'installation des Ioniens dans les Cyclades, et en particulier à Délos.

Aux VIe, V^e et IVe siècles, la colonisation grecque s'est poursuivie : mais à côté des formes d'expansion traditionnelles, on voit s'affirmer un nouveau mode relevant davantage de la décision politique, et de ce qu'on peut appeler un impérialisme grec, ou panhellénique, et pas seulement athénien[1].

LE PASSÉ IMMÉDIAT DES *PERSES* :
LA RÉVOLTE DES CITÉS IONIENNES

Dans leur avancée symétrique vers l'Asie Mineure, les Perses soumirent peu à peu tous les occupants, et en particulier le royaume le plus prospère, celui du roi Crésus. Or les rois de Lydie, Gygès puis Crésus, avaient protégé et annexé l'Ionie à l'État lydien en lui imposant certes un tribut, mais lui laissant mener une vie commerciale fructueuse[2]. Avec la conquête de Sardes par les Perses sous le commandement de Cyrus, qui frappa tant les imaginations, après le règne de Cambyse, la situation changea sous Darius, et la domination perse devint intolérable : ce n'était pas le satrape[3] de Sardes qui avait la haute main sur les cités, mais bien des tyrans grecs amis des Perses, chargés de lever pour eux un lourd tribut, la *komidé*. Alors les cités ioniennes — Phocée, Érythrées, Clazomènes, Téos, Lébédos, Colophon, Éphèse, Priène, Myonte, Chios et Samos —, unies par le sanctuaire commun du Panionion, se rebellèrent, bientôt rejointes par Byzance, les villes de l'Hellespont, la Carie et Chypre... La douzième cité, Milet, « la perle de l'Ionie » selon la formule d'Hérodote, d'abord épargnée, rejoignit la révolte des Ioniens contre la domination perse ; Aristagoras, tyran de Milet, joua d'abord double jeu puis, après avoir proclamé l'*isonomia*[4], finit par appeler à l'aide

---

1. Voir Françoise Létoublon, *La Ruche grecque et l'empire de Rome*, Grenoble, ELLUG, 1995.
2. L'essor de cette civilisation a pour témoin le développement de l'art (en particulier des statuettes) dit de type orientalisant.
3. On désigne ainsi un haut fonctionnaire qui administre une division du territoire de l'Empire perse.
4. L'*isonomia*, « égalité devant la loi », se décompose en divers principes comme l'*iségoria*, « égalité de parole », l'*isomoiria*, « égalité des biens et des pouvoirs », l'*isotélia*, « égalité des contributions ». Cette notion d'égalité est à prendre avec précaution dans la mesure où la cité repose sur l'exclusion du champ politique des non-citoyens et esclaves, et où le pouvoir demeure aux mains de quelques familles puissantes. Thucydide (*La Guerre du Péloponnèse*, II, 9) dira du régime de Périclès, également fondé sur

Sparte, qui refusa, et Athènes à qui il avait fait miroiter les trésors de l'Orient, et qui envoya un trop faible contingent ; Milet fut prise par Darius en 493 et la répression, nous dit encore Hérodote (*Histoire*, VI, 19), fut sauvage. C'est de cet épisode sanglant où sa puissance avait été bafouée par la poussée démocratique en Ionie que Darius chercha également à se venger en 490. Le satrape de Sardes, Artaphernès, près de qui intriguait Hippias, chassé d'Athènes par les mouvements d'émancipation dirigés contre la tyrannie, comprit la nécessité de prolonger la zone de sécurité vers l'ouest, politique que le général perse Mardonios allait mettre en place en établissant des bases avancées et en augmentant les forces navales.

DE L'ACTUALITÉ À L'ACTION DES *PERSES* : MARATHON, SALAMINE, PLATÉE

Les Grecs manifestant le désir de traiter avec Darius, leurs ambassadeurs acceptèrent à la légère de « donner la terre et l'eau », selon la formule officielle de la diplomatie perse. Mais Athènes ne ratifia pas cette allégeance. Le général perse Datis débarqua en Eubée, prit Érétrie, et affronta en 490 à Marathon neuf mille Athéniens et mille Platéens commandés par Miltiade (Hérodote, *Histoire*, VI, 102 *sq.*). Les hoplites grecs remportèrent une victoire que commémora un tumulus resté fameux.

En 486, Darius meurt. Son fils Xerxès fait expédition en Égypte. Chez les Athéniens, le chef du parti démocrate, Thémistocle, conscient de la supériorité navale des Perses, entreprend une politique qui conduira Athènes à établir une thalassocratie, un empire fondé sur la maîtrise des mers : aménagement du port du Pirée, mise en chantier des Longs Murs qui relient le port à Athènes, construction d'une flotte de deux cents trières avec l'argent des mines du Laurion. Des dissensions éclatent entre les cités grecques, et l'oracle de Delphes, consulté, donne une réponse ambiguë (Hérodote, *Histoire*, VII, 141-143) : les « murailles de bois » qu'il annonce devoir

---

ces principes, que c'était une démocratie *logô*, « en théorie », mais le gouvernement d'un seul homme *ergô*, « en pratique »...

sauver Athènes, sont-ce des remparts ou bien des vaisseaux ?

Les Perses sont d'abord arrêtés au cap Artémision par Thémistocle et le Spartiate Eurybiade. Léonidas et sa troupe de Lacédémoniens échoue héroïquement devant le défilé des Thermopyles. Athènes est envahie le 27 septembre 480, les « suppliants » restés dans la ville massacrés malgré leurs appels à la clémence, l'Acropole incendiée. Eschyle rappelle ces outrages dans le cœur de sa pièce (v. 810 *sq.*) : *Les Perses* ont pour ambition de porter sur la scène le terrible revers que doivent subir ensuite les agresseurs, revers qui est comme la punition de cette cruauté et de ces sacrilèges.

Les Athéniens avaient fait quitter la ville aux femmes et aux enfants, réfugiés à Trézène, et s'étaient établis sur leurs trois cents navires. Thémistocle, recourant à une ruse pour laquelle il emploie un prisonnier perse à son service[1], veut attirer l'ennemi dans la baie de Salamine pour mieux l'écraser. La flotte perse est battue[2]. Aristide, dit le Juste, qui avait été ostracisé[3] par Thémistocle, oubliant cette inimitié, lui a offert son aide : il a débarqué à Psyttalie avec ses hoplites et massacré les Perses qui s'y étaient réfugiés ; Eschyle insiste sur ce haut fait (v. 447 *sq.*).

Xerxès, après avoir assisté à la bataille depuis le mont Aigaléos (*cf.* v. 465), s'enfuit, et rallie l'Hellespont en quarante-cinq jours[4] (le récit de cette fuite épique occupe dans la pièce les v. 480-514), laissant derrière lui Mardonios qui, avec 300 000 Perses aidés de

---

1. Voir le texte de la pièce, v. 355 *sq.*, et le Dossier, p. 201-202.
2. Le nombre d'hommes avancé par Hérodote pour les Perses (1 700 000) est excessif : sans doute étaient-ils une centaine de milliers ; mais le nombre des navires (1 207) est juste.
3. L'ostracisme est le bannissement obtenu à l'issue d'un vote (pratiqué avec les *ostraka*, des coquillages qui à l'origine tenaient lieu de jetons de vote).
4. Hérodote raconte un trait significatif de la cruauté de Xerxès : au retour, lors de la traversée de l'Hellespont, s'éleva une telle tempête qu'il fallut alléger le navire. Xerxès demanda aux seigneurs perses de se sacrifier et ils sautèrent dans les flots. Une fois à terre, Xerxès décerna une couronne d'or au pilote pour avoir sauvé son roi et lui fit couper la tête pour avoir perdu tant de Perses (*Histoire*, VIII, 118).

50 000 Grecs « médisants [1] », sera vaincu à Platée en septembre 479 par 110 000 Grecs coalisés (la bataille de Platée est postérieure à l'action de la pièce ; Eschyle tient cependant à l'évoquer par une prophétie de Darios [2], v. 807). Les Perses avaient reculé, mais la situation en Grèce était confuse à cause de la trahison de certaines cités dévouées au roi, à cause des dissensions renaissantes, une fois le danger perse écarté, entre les cités les plus puissantes, et à cause des prétentions d'Athènes à établir une hégémonie, dont le premier acte serait la constitution de la Ligue de Délos en 477.

Si la confrontation avec les écrits historiques est éclairante, il ne s'agit ni de chercher dans la pièce des documents sur la guerre pour l'ériger en instrument didactique, ni de faire le procès de la poésie dramatique devant le tribunal de la vérité historique. L'Histoire, on le sait, est elle aussi contrainte d'en passer par le *medium* d'un récit qui suppose une sélection d'éléments et un travail de composition, bref, la rédaction d'une « intrigue [3] » ; de la pièce et de l'histoire, nulle n'est de l'autre la servante. Thucydide, chez qui l'on sent d'ailleurs l'influence des Tragiques dans la construction narrative, a nommé l'Histoire *ktèma eis aei* : « un acquis pour toujours », un savoir bien établi. La fin de la tragédie est d'un autre ordre ; la dramatisation des événements qu'elle propose offre au regard, si l'on peut dire, *théama eis aei* : une contemplation pour toujours, source d'une autre connaissance.

---

[1]. Aux yeux des patriotes, bien des Grecs se rendirent coupables de *médisme*, de trahison au profit de l'ennemi mède. Eschyle gomme toute cette complexité, pour mettre en scène un affrontement beaucoup plus tranché entre deux mondes distincts, la Grèce et l'Asie.

[2]. Pour évoquer Darius en tant que figure historique, nous avons conservé la traditionnelle forme latinisée de son nom ; mais nous gardons le nom que lui donne Eschyle, *Darios*, à chaque fois qu'il s'agit d'évoquer le personnage de la pièce.

[3]. Voir les analyses de Paul Veyne dans *Comment on écrit l'histoire*, Le Seuil, 1971, rééd. coll. « Points histoire », 1979.

Les Perses dans l'œuvre d'Eschyle

Synopsis de la pièce

Il n'y a pas de *Prologue*.

[*Parodos*, ou entrée du chœur] : par l'intermédiaire du coryphée, puis du chœur entier, les conseillers du grand roi disent leurs inquiétudes à propos de l'expédition que Xerxès a lancée contre la Grèce. Le coryphée accueille la reine, Atossa, veuve de Darios et mère de Xerxès (v. 1-158).

[*Premier épisode*] : la reine vient confier ses angoisses au chœur et lui raconter un songe effrayant qu'elle a eu, suivi d'une vision non moins inquiétante. Le coryphée lui conseille de procéder à des libations aux morts, pour détourner le mauvais sort. Alors qu'elle pose des questions sur Athènes, un messager surgit : il annonce la nouvelle de la défaite de Salamine, fait l'inventaire des pertes, décrit la nuit de la bataille navale, et enfin la retraite. La reine se retire pour préparer son offrande, en attendant le retour de Xerxès (v. 159-531).

[*Premier stasimon*[1]] : à la douleur du coryphée répondent les lamentations du chœur sur les malheureux vaincus (v. 532-597).

[*Deuxième épisode*] : la reine revient avec les offrandes pour la libation. Le chœur entreprend d'évoquer Darios, le vieux roi défunt. L'ombre de Darios apparaît au-dessus du tombeau, interroge la reine, déroule la généalogie des rois de Perse puis prophétise la défaite de Platée (v. 598-851).

[*Deuxième stasimon*] : le chœur formule des regrets sur le bonheur passé et loue le sage gouvernement de Darios (v. 852-907).

[*Exodos*] : le roi Xerxès paraît, et se livre avec le chœur à un long chant de deuil, le *kommos* (v. 908-1077).

---

1. Le *stasimon* est une partie chantée par le chœur qui danse en occupant la scène, ou plus précisément l'*orkhestra*. *Cf.* l'Argument de la pièce composé par un scholiaste anonyme, p. 90.

Théâtre et tragédie à Athènes
au temps d'Eschyle

La question des sources du genre tragique est extrêmement complexe. La tragédie hérite en effet de plusieurs manifestations – chants, danses, processions... –, et s'en écarte toutefois si radicalement, par un tel saut qualitatif et une telle mutation, que nous sommes tentés de voir en elle une forme parfaitement originale.

Des prédécesseurs d'Eschyle, l'Histoire n'a retenu que le nom : Arion de Lesbos, au début du VIe siècle avant notre ère, aurait à Corinthe composé *par écrit* et fait représenter une pièce ; plus tard Thespis, promenant son chariot de bourg en bourg en Attique, aurait inventé le masque (*prosôpon*) et ajouté au chant un discours parlé (*rhésis*) qui faisait de lui un interprète (*hypokritès*). Plusieurs cités, Thèbes entre autres, ont parallèlement développé des formes analogues, mais c'est à Athènes surtout, sous l'impulsion du tyran Pisistrate [1], que se produit une évolution décisive, l'organisation des représentations théâtrales révélant l'interpénétration étroite des aspects religieux et politiques. En 534 en effet, Pisistrate, soucieux du patrimoine poétique autant que de sa propre gloire, institue les concours tragiques : ce sont des moments de grand rassemblement du peuple sur l'*agora* à des fins cultuelles (ils ont lieu à la fête des Grandes Dionysies), mais aussi à des fins de divertissement (le tyran compte ainsi assurer sa popularité). Le plus juste serait de parler de fêtes civiques.

C'est après l'effondrement du dispositif en bois des gradins, en 498, que le théâtre ira s'installer sur les pentes de l'Acropole, au sud, près du sanctuaire de Dionysos. Il est toujours en bois dans la première moitié du Ve siècle, adossé à la pente, comme le seront aussi les théâtres de pierre, qui exploitent avec bonheur les données du terrain. Ce *théâtron* (« le lieu d'où l'on voit », où sont assis les spectateurs) de plein air, voué à des représentations diurnes, est contigu à une *orkhestra*, piste circulaire d'une vingtaine de mètres de diamètre où évolue

---

[1]. « Tyrannie » ne doit pas être pris dans l'acception de pouvoir excessif et arbitraire ; bien des tyrans qui avaient certes usurpé, et non hérité, le pouvoir (c'est la définition stricte du terme) ont été de bons gouvernants, et des mécènes de la littérature et des arts.

le chœur, préposé aux danses et au chant. Au centre, la *thymélè*, l'autel de Dionysos, et au fond, une *skènè*, baraque qui a dû primitivement accueillir les changements de costumes des acteurs (ce terme qui désigne donc les coulisses donnera son nom à la *scène*). De part et d'autre, les *parodoi* (entrées) permettent l'accès du chœur. Il est difficile de dire quand exactement apparurent les premiers décors, les toiles peintes et les diverses machines, comme l'eccyclème[1]; mais on a dû assez tôt faire paraître les dieux sur le *théologeion* au-dessus de la *skènè*. Vitruve, dans la Préface du livre VII du *De Architectura*, rapporte qu'« Agatharque de Samos [490-420] réalisa le décor d'une tragédie que donnait Eschyle et laissa un mémoire à ce sujet[2] ».

Des praticables figuraient sommairement les hauts lieux essentiels de l'histoire : autel, tombeau, sanctuaire, auxquels le nom de décor est fort peu approprié, si l'on songe qu'ils ont une fonction centrale dans l'économie de la tragédie, comme aussi dans des esprits imbus de religiosité. L'imagination non plus que la méditation ne devaient être distraites par un spectacle visuel chargé d'images inutiles.

Pour *Les Perses*, on peut se représenter ainsi la scène : pas de palais aux abords immédiats, puisque la reine arrive en char ; le *stégos*, « l'antique toit » (v. 141) où entrent les vieillards du Conseil, correspond peut-être à la *skéné* ; sans doute est-ce le même édifice qui, par la suite, figure le tombeau de Darios. La ville de Suse est à main droite (la tradition gardera l'équation cité-palais/côté cour et monde extérieur/côté jardin) ; lorsque le coryphée indique la direction d'Athènes à la reine (v. 232), il doit tendre le bras gauche vers l'Occident, tourné comme il l'est vers les spectateurs adossés aux pentes sud de l'Acropole : c'est de là aussi que viendra Xerxès. L'espace n'est évidemment ni réaliste ni fidèle à l'Histoire : le vrai tombeau de Darius fut creusé dans le

---

1. *Eccyclème* : machine roulante qui permettait de présenter une sorte de seconde scène partielle.
2. La suite du passage explique que Démocrite et Anaxagore, s'inspirant de ce mémoire, écrivirent sur la même matière et montrèrent comment, par un processus naturel de correspondances entre les lignes, on pouvait créer l'illusion des édifices et le trompe-l'œil (*skiagraphia*).

roc à Naqsh-i Rustam, à quelques kilomètres au nord de Persépolis, et non point près de Suse. Enfin, on peut supposer, étant donné l'emploi de deux acteurs seulement (outre le chœur et son coryphée), que le messager entrant dans la *skènè* après son récit change de costume et réapparaît en Darios, sortant du tombeau, avec sa tiare et ses babouches safran (v. 660-662) ; et que l'acteur qui joue la reine quitte la place (v. 851) pour revenir sous la robe déchirée de Xerxès (v. 908).

Dans les premières décennies de la véritable institution des représentations dramatiques, le poète tragique assuma presque toute la charge ; une fois qu'il avait obtenu l'aval de l'archonte éponyme [1] pour une pièce donnée, il recrutait un chœur et un acteur à qui il servait de *khorodidaskalos* (maître-répétiteur du chœur). Au cours de la première moitié du Ve siècle, la « production », si l'on peut dire, fut confiée à un *chorège* : cette charge est devenue une des « liturgies » athéniennes, services coûteux que les plus riches avaient l'obligation de fournir à la cité. Il s'agissait en effet d'assurer tous les frais de l'entretien des membres du chœur, les *choreutes* (douze au temps d'Eschyle, puis quinze à partir de Sophocle, non professionnels, citoyens), du joueur de flûte (l'*aulète*), des acteurs (un, puis deux, puis trois : le *protagoniste*, le *deutéragoniste*, le *tritagoniste*, qui jouaient indifféremment les rôles masculins et féminins), de la fourniture des costumes, masques à *onkos* [2], cothurnes... Dans les années qui précèdent immédiatement l'activité d'Eschyle, il faut évoquer le dramaturge Phrynikhos, auteur de deux pièces perdues : *La Prise de Milet* et *Les Phéniciennes*, dont *Les Perses* s'inspirent directement. Thémistocle fut le chorège des *Phéniciennes* de Phrynikhos en 476, et Périclès celui des *Perses* en 472 : on peut mesurer l'importance politique du théâtre à la décision que ce dernier prit de créer une caisse, le *théorikon*, permettant d'allouer une somme d'argent aux plus démunis

---

1. L'*archonte éponyme* était celui des dix archontes-magistrats qui donnait son nom à l'année.
2. L'*onkos*, partie surélevée du masque, avait pour fonction de grandir l'acteur et de favoriser la résonance de la voix. Le *cothurne*, chaussure à semelle très haute, contribuait également à sa prestance.

pour qu'ils puissent se dispenser de travailler pendant les journées consacrées aux représentations théâtrales.

Les concours tragiques, lors desquels chaque poète choisi présentait une tétralogie composée d'une trilogie liée (par le sujet) et d'un drame satyrique plein de bouffonneries, donnaient lieu à une remise de prix[1] au poète, qui, dans les commencements, était aussi l'acteur ou du moins le récitant des parties parlées de ses propres pièces. Plus tard furent couronnés aussi le chorège et l'acteur. Le tirage au sort des juges était l'objet d'une procédure fort compliquée visant à éliminer toute fraude.

UNE TRAGÉDIE D'ACTUALITÉ

Les Perses furent représentés en 472, huit ans après les faits de guerre que la pièce relate. Cette pièce, qui occupe la première place, chronologiquement, parmi les tragédies antiques qui nous sont parvenues, revêt donc une importance particulière pour la réflexion sur l'origine et l'évolution du genre théâtral. Mais c'est à plus d'un titre qu'elle assume un rôle tout à fait à part dans l'ensemble des tragédies grecques : elle constitue en effet l'unique pièce conservée à évoquer avec une grande précision un fait récent d'importance majeure dans l'histoire politique et guerrière d'Athènes – on l'a dit, la victoire navale de Salamine remportée sur les armées du roi de Perse Xerxès au mois de *boêdromiôn* (septembre) 480.

Pour le public d'Eschyle, Salamine représente un épisode crucial, une épreuve qualifiante qui légitime les prétentions d'Athènes à l'hégémonie sur les autres Grecs, et une sorte de baptême de la démocratie athénienne. Par rapport à Marathon, une nouveauté remarquable : pour la première fois Athènes a compté sur ses forces navales plus que sur ses phalanges hoplitiques[2]. Or le développement de la démocratie athénienne et celui de la puissance navale sont consubstantiellement liés : l'armement des navires, les expéditions navales donnaient de l'ou-

---

1. Il ne s'agissait, dans les premiers temps, que d'une couronne de lierre (plante chère à Dionysos) ; elle fut bientôt accompagnée d'une récompense moins symbolique, argent ou objets précieux.
2. Les hoplites sont des fantassins armés très lourdement (casque, cuirasse, jambières, lance et épée) ; au moment de l'assaut, ils forment la phalange, véritable mur de boucliers.

vrage aux petites gens d'Athènes, aux artisans et, plus généralement, aux thètes, la plus modeste classe du peuple, qui formèrent le gros des rameurs[1]. Tous ces traits sont exaltés – indirectement, mais explicitement – dans *Les Perses*.

Par ailleurs, cette tragédie noue intimement la grande Histoire et l'histoire personnelle, puisque Eschyle avait participé à la bataille. Parmi les spectateurs aussi, nombre devaient avoir été soldats, formant ce *laos*, « peuple en armes » et rempart de la cité magnifiquement évoqué dans un vers de la pièce (v. 349 : « Il est solide, le rempart que forment des hommes vivants », hommage amer du messager perse à la résistance des Grecs). Enfin, les événements évoqués étaient suffisamment récents pour qu'au moins un personnage de la tragédie – et pas des moindres ! – soit encore en vie : Xerxès soi-même, qui devait régner jusqu'à sa mort, en 465, sur une Perse, semble-t-il, moins complètement anéantie que ne le laisse entendre la pièce d'Eschyle. Il n'est pas usuel qu'un protagoniste de l'Histoire soit contemporain de sa propre incarnation au théâtre. Le recours à l'actualité et aux figures contemporaines, comme le montre la caricature des démagogues au pouvoir, tel le Cléon de la comédie d'Aristophane *Les Cavaliers*, constitue même un des traits spécifiques de la comédie : nous y reviendrons, pour voir si ce trait n'infléchit pas légèrement la vision que nous pouvons avoir des *Perses*.

Cette proximité temporelle est corrigée par l'éloignement spatial. Racine, en 1676, dans la Préface de *Bajazet*, s'est souvenu du précédent :

> On peut dire que le respect que l'on a pour les héros augmente à mesure qu'ils s'éloignent de nous. *Major e longinquo reverentia* [Tacite]. L'éloignement des pays répare en quelque sorte la trop grande proximité des temps. [...]

---

1. Le système athénien était censitaire, classant les citoyens par le nombre de boisseaux de grain récolté : par ordre décroissant, *pentécosiomédimnes* (500 boisseaux, ou *médimnes*, de récolte), *cavaliers* (capables de subvenir aux frais de leur cheval et de leur armement avec leurs 300 médimnes), *zeugites* (possédant un attelage – *zugon* –, et 200 médimnes), et *thètes* qui ne possédaient rien. Les thètes composaient évidemment la plus basse catégorie sociale : l'armée navale leur procura un gagne-pain, et ils furent la cheville ouvrière de l'empire maritime athénien.

Aussi le poète Eschyle ne fit point de difficulté d'introduire dans une tragédie la mère de Xerxès qui était peut-être encore vivante, et de faire représenter sur le théâtre d'Athènes la désolation de la Cour de Perse après la déroute de ce prince. Cependant ce même Eschyle s'était trouvé en personne à la bataille de Salamine où Xerxès avait été vaincu.

Ainsi, « l'espace barbare tient la même fonction que le temps grec[1] ». La distance constitue un laboratoire où s'opèrent à la fois une simplification et un embellissement – ou un grandissement : dans ce climat propice à la légende, Darius ne passe et ne repasse le seuil entre le monde des vivants et des morts sans que sa figure en soit métamorphosée.

Pièce unique sans doute, et pour bien des raisons... mais c'est à nos yeux seulement qu'elle se trouve être une sorte d'*hapax*, de « cas unique », car il serait plus juste de dire que *Les Perses* sont *la seule tragédie d'actualité à avoir été sauvée par les grammairiens*, pour servir à la formation des écoliers. Il y avait eu au moins un précédent. Le poète tragique Phrynikhos, de peu antérieur à Eschyle, et dont la tradition a loué les mélodies, avait écrit deux pièces analogues qui portaient sur la scène des épisodes récents. La première, intitulée *Les Phéniciennes*, était consacrée à cette même victoire de Salamine. On en connaît seulement le premier vers :

Voici, d'entre les Perses qui ont disparu...

Eschyle l'a ouvertement paraphrasé au premier vers des *Perses* :

Voici, d'entre les Perses, qui s'en sont allés...

avec une subtile altération qui va lui permettre de différer et de distiller coup par coup les mauvaises nouvelles de la guerre, au lieu de donner pour connu, d'emblée, le désastre de l'armée[2]. Était-ce pour rendre un hommage

---

1. Jean-Pierre Vernant & Pierre Vidal-Naquet, *Mythe et tragédie en Grèce ancienne*, II, La Découverte, 1986, « Eschyle, le passé et le présent », p. 99.
2. Eschyle reprendra le verbe employé par Phrynikhos dans le vers d'ouverture, *bainein*, disparaître, mais à l'extrême fin de la pièce (au v. 1003).

à son prédécesseur, ou bien pour affirmer aussitôt dans les vers suivants la différence de ses conceptions, tant sur le plan poétique que philosophique ?

Phrynikhos avait composé une seconde pièce, *La Prise de Milet*; l'histoire de la représentation donnée presque *sur le vif*, dès l'année suivant le sac de la ville, nous fournit des indications précieuses sur la réception de l'assistance et, partant, sur les objectifs des dirigeants de la cité. L'émotion et les larmes avaient atteint une telle violence que les autorités, craignant que les Athéniens ne voulussent repartir en guerre contre la Perse, honteux d'avoir porté un si faible secours à leurs frères d'Ionie, interdirent la reprise et frappèrent Phrynikhos d'une amende de mille drachmes[1]. Dans son *Histoire* (V, 28 sq.), Hérodote, exposant les affaires d'Ionie, a rappelé l'oracle qui annonçait qu'à Milet « les femmes grecques laveraient les pieds de bien des hommes chevelus » : cette humiliation avait donc été cuisante, et le remords, vif. Instructif aussi le rôle de Thémistocle : pour *La Prise de Milet*, il avait octroyé le chœur; pour *Les Phéniciennes*, il fut chorège.

Il n'y a pas dans *Les Perses* de recours aux matériaux de la mythologie ni aux cycles héroïques – héracléen, thébain, argonautique ou troyen[2] – qui font la substance habituelle des tragédies pour Eschyle (comme pour Sophocle et Euripide). Néanmoins il manifeste son respect de la tradition – pour autant qu'il y ait une amorce de codification liée aux origines mêmes du théâtre – sur deux points : en premier lieu, il semble que *Les Perses* aient obéi à la règle de la tétralogie puisque les manuscrits citent un ensemble *Phinée – Les Perses – Glaukos de*

---

1. Cet épisode nous éclaire peut-être sur les raisons pour lesquelles Eschyle quitte Athènes pour la Sicile. Comme on peut le lire dans la *Vie* anonyme, la puissance visuelle du chœur des *Euménides*, dernière pièce de *L'Orestie*, représentée en 458, eut sur l'assistance des effets ravageurs ; or l'on sait que les autorités répugnaient à voir l'ordre public bafoué et les citoyens démoralisés par ce qu'on montrait sur le théâtre. Eschyle a pu alors se sentir contesté...
2. Respectivement, les mythes attachés aux exploits d'Héraclès, aux malheurs d'Œdipe, à la conquête de la Toison d'or par Jason et à la guerre de Troie.

Potnies – *Prométhée*[1]. En second lieu, et en dépit du peu d'ancienneté des événements et des personnages, *Les Perses* annoncent les thèmes et situations que l'on retrouvera dans les tragédies qui exploitent le fonds mythologique – *L'Orestie*, *Les Sept contre Thèbes* et *Les Danaïdes*, par exemple.

LA TÉTRALOGIE DES *PERSES*

Des trois pièces mentionnées aux côtés des *Perses*, nous ne possédons au mieux que d'infimes fragments, qui ne permettent même pas d'en identifier sûrement les héros.

Phinée. Dans les récits mythologiques, il existe au moins deux personnages qui portent ce nom. Un premier Phinée, oncle d'Andromède, qui voulait disputer les faveurs de sa nièce à Persée, fut, au cours de leur affrontement, pétrifié par la tête de Méduse qu'avait naguère tranchée Persée[2]. D'autres mythographes le disent seulement rendu aveugle, de manière à pouvoir le confondre avec le second Phinée. Roi de Thrace, époux de la fille de Dardanos (le fondateur de Troie), celui-ci fut frappé de cécité par Zeus pour avoir abusé de ses dons de devin et aidé les Argonautes à conquérir la Toison d'or en leur enseignant comment naviguer sur le Bosphore sans être victime des Symplégades[3]. Certains glossateurs[4] ont prétendu que les secrets que Phinée avait révélés aux Argonautes étaient justement les oracles auxquels Darios fait allusion dans *Les Perses* (v. 739 & 801) ; en outre, l'histoire des Argonautes, du côté perse, racontait une invasion de l'Asie par l'Europe.

De cette confusion entre les deux Phinée, on ne peut guère déduire que les liens du personnage avec le père

---

1. *Prométhée allume-feu* (*purkaeus*), drame satyrique qu'il faut distinguer du *Prométhée enchaîné*.
2. Ovide raconte le combat de Persée contre Méduse dans ses *Métamorphoses*, IV, v. 610 *sq*.
3. Les *Symplégades* ou *Cyanées* : îles bleutées et mouvantes fort dangereuses pour les bateaux, ou blocs de glace dérivant des fleuves de Scythie dans la mer Noire ?
4. Comme le rappelle H.D. Broadhead dans l'introduction de son édition critique, fondamentale, de notre pièce : *The Persæ of Æschylus*, Cambridge University Press, 1960, p. LV-LVI.

du héros éponyme du peuple perse (Persée, père de Persès), et une geste qui se passe dans les parages de l'Asie, avec pour constante le motif de l'aveuglement imposé comme châtiment d'une faute. De là à se figurer une trilogie visant à parcourir l'histoire des Perses, du passé mythique à nos jours, il y a une distance qu'il serait présomptueux de franchir.

Glaukos. La mention « de Potnies » (*Potnieus*) a été tardivement ajoutée par des scholiastes, alors que le manuscrit de référence, le Mediceus, ne portait que le nom de Glaukos. S'il s'agit de la cité de Potnies près de Thèbes, ce Glaukos est un fils de Sisyphe qui donnait à ses juments de la chair humaine, et qu'Aphrodite punit parce que, pour les rendre plus vites à la course, il les empêchait de s'accoupler ; les juments, ayant brouté de l'herbe hippomane, une herbe aphrodisiaque, s'emballèrent et déchirèrent Glaukos. La grande proximité de Potnies avec le lieu de la bataille de Platée peut avoir déterminé le choix de cette légende, outre le fait que ce héros a fini écartelé par ses propres chevaux – supplice échu au chef perse Masistios, lors de la bataille de Platée, précisément... La pièce évoquant Glaukos, roi de Potnies, serait alors à la victoire de Platée ce que la pièce des *Perses* est à celle de Salamine. Mais les quelques fragments retrouvés sur le papyrus dit d'Oxyrhynchos donnent une autre orientation : il y est question du rêve d'une femme concernant une course de chars et d'un chœur de pêcheurs. Aussi a-t-on supposé Glaukos *Pontios*, et non *Potnieus*, soit le dieu Glaucus « marin », ou du Pont-Euxin, ce qui nous renvoie sur les rivages du Bosphore. Mais il existe encore un troisième Glaukos, fils de cet Anténor qui aida Pâris à ravir Hélène ; un quatrième, petit-fils de Bellérophon, à qui remonte la dynastie des rois de Lycie, région d'Asie Mineure ; un cinquième fut un pêcheur, fils d'Anthédon fondateur de ville, lequel pêcheur ayant par mégarde mangé d'une certaine herbe, devint immortel sous l'espèce d'un homme-poisson à barbe bleu-vert, couleur de la mer (en grec : *glauko*s)... Le dénominateur commun de ces histoires, c'est la mer : pourquoi la tétralogie ne ferait-elle pas voisiner avec la célébration d'une bataille navale, où la mer, tout comme la terre, fut l'alliée des Athéniens (*cf.* v. 792), une pièce consacrée à la geste d'un dieu marin, en guise d'hommage et d'action de grâces ?

Prométhée allume-feu. Le drame satyrique sur lequel se refermait la trilogie était peut-être, pour les Athéniens, l'occasion de manifester la joie de la victoire : la pièce, semble-t-il, mettait en scène la « course des flambeaux », un rituel de purification au cours duquel les jeunes Athéniens rendaient grâces à Prométhée d'avoir apporté le feu à la race des hommes, par une course entre l'autel de Prométhée, au Céramique, et l'Acropole.

De ces quelques conjectures ne ressort qu'un enseignement : les pièces de cette tétralogie, entre elles, n'étaient reliées que par des liens ténus, des analogies ou des allusions, ou bien par une cohérence thématique très générale – les rapports entre les deux rives de la mer Égée, la Grèce et l'Asie. On conserve de toute façon trop peu de fragments des trois autres pièces – cinq vers pour *Phinée*, dix-huit vers, dont six très incomplets, pour *Glaukos*, trente-huit, dont vingt-deux lacunaires, pour *Prométhée*... – pour reconstituer véritablement le cadre des *Perses*.

LES PERSES,
MATRICE DES TRAGÉDIES ULTÉRIEURES ?

Dans les sujets abordés par Eschyle en son œuvre on observe une grande homogénéité (à l'exclusion du *Prométhée enchaîné* dont l'attribution est fortement et légitimement contestée, car le ton et la philosophie y semblent bien différents). Sans pouvoir donner ici une analyse exhaustive des filiations, on peut tout de même souligner des parentés, dans les thèmes et dans les motifs : pour ne citer que quelques exemples, la définition du bon gouvernement, centrale dans *Les Perses*, préoccupe fortement Étéocle dans *Les Sept contre Thèbes*, et se pose plus cruellement encore dans *Agamemnon* où l'absence du maître provoque l'usurpation intolérable du pouvoir par Clytemnestre et Égisthe ; même si la tonalité est tout autre, c'est là aussi le retour du roi qui est annoncé... Dans cette pièce, Eschyle se situe au-dessus du combat, rappelant que les dieux envoient « mêmement » (*omoiôs*) à la mort les Danaens et les Troyens. Présentes aussi, les horreurs de la mer hasardeuse : marins affamés, naufrages, corps flottants et débris... La tentation de la démesure est ici illustrée par Agamemnon marchant sur la pourpre, à l'instar d'un dieu, ou d'un barbare impie ; et là, dans *Les Sept contre Thèbes*, par le *kompos*, le fol orgueil guerrier des chefs, qu'Eschyle a dénoncé en Xerxès. Dans *Les Choéphores*, enfin, après une déploration du chœur – thrène des Ariens et lamentations des Kissiens déjà présents dans *Les Perses* –, la prière touchante d'Oreste et d'Électre qui cherchent à faire surgir l'ombre de leur père assassiné, Agamemnon, pour lui demander sa protection, nous fait ressouvenir de Darios : il y a là une réitération troublante du motif, riche d'implications, du roi-père disparu et sommé de « revenir » pour porter secours.

Avec *Les Suppliantes*, Eschyle retrouvera la veine exotique, jointe à la question du bon gouvernement (qu'incarnait la figure de Darios dans *Les Perses*) ; tout de la physionomie de ces Égyptiennes nous dit qu'elles ne sont pas femmes d'Argos, et pourtant Eschyle a à cœur de donner longuement la parole à ces étrangères dont l'arrivée en suppliantes dans la cité d'Argos place le roi Pelasgos devant une décision délicate : les accueillir, ou les rejeter ? Cette décision, en tout cas, il faudra la prendre « non sans le peuple » (*ouk aneu dèmou*), maxime démocratique avant l'heure [1]. On est ici loin du gouvernement autoritaire de Xerxès !

Suggérons encore un dernier rapprochement qui nous aide à mesurer la relation entre sacrifice et tragédie, et à éclairer le sens des *Perses*. Dans *Les Choéphores*, le sacrifice sanglant d'Égisthe puis de Clytemnestre – elle aussi troublée par un songe, comme la reine Atossa – vient parfaire la libation qui inaugurait la tragédie. La première partie du rite se trouve ainsi complétée, au prix de la substitution, à la bête traditionnellement sacrifiée, d'une victime humaine – mais, bien entendu, au sein d'une fiction : c'est la tâche complexe de la tragédie que d'assumer cette fonction vicariante [2], cette substitution symbolique.

---

1. Cette formule imite l'adage populaire qui raillait l'invraisemblable quantité de prouesses et de bienfaits attribués à Thésée par les légendes locales, en Attique, en répétant à l'envi : *ouk aneu Thèséôs*, « jamais rien ne se fait sans Thésée ».
2. Sur cette question du sacrifice, on consultera l'ouvrage de René Girard, *La Violence et le sacré*, Grasset, 1972.

Les Perses offrent enfin le paradigme et le concentré de toutes les misères humaines, qui sont la matière de tout spectacle tragique : mort, perte des êtres chers, errance, famine, défaite et naufrage, fléau de la dépopulation vont reparaître dans les tragédies plus tardives, mais ces données événementielles seront souvent réduites aux images ou aux métaphores déjà mises en place dans notre pièce – le filet-piège (v. 93-101), le flot dévastateur (v. 87-92), pour ne citer que les plus importantes.

HÉRITAGES ÉPIQUE, LYRIQUE ET TRAGIQUE

On attribue en général une double origine à la tragédie : pour le contenu – grandes actions de nobles héros –, l'épopée ; pour la présence du chœur et la pratique de l'« imitation des actions », selon la définition aristotélicienne, les différents genres du lyrisme choral.

SOURCES ÉPIQUES

Si l'on se réfère toujours au grand ancêtre Homère, que Platon avoue dans sa *République* (606c) être « le prince de la poésie et le premier des poètes tragiques », la source première de toute poésie est l'épopée – tant pour les sujets d'élection, pris pour une grande part dans la guerre de Troie et la geste des Atrides, que pour les personnages, dieux et héros. Ici et là, les actions sont des faits de guerre, la tragédie se résumant bien souvent à une méditation sur la possibilité pour une cité d'être détruite de fond en comble par la faute d'un seul homme. Pierre Vidal-Naquet donne dans son étude *La Guerre, la Grèce et la paix*[1] quelques aperçus remarquables sur le caractère fondateur de l'opposition guerre/paix pour toute la littérature grecque, pour la tragédie en particulier. La longueur respective du texte imparti au messager[2], c'est-à-dire aux « nouvelles du front », et à la

---

1. Pierre Vidal-Naquet, *La Guerre, la Grèce et la paix*, Paris-Tübingen, Isele, coll. « Le Divan », 1999.
2. En particulier v. 302-330, 337-347, 353-432, 447-471, 480-514.

lamentation sur Suse la dépeuplée[1], en est une bonne illustration.

Emprunts aussi à l'épopée, ou rémanences, le catalogue qui déroule la théorie des soldats partant en expédition (v. 21-60), le tableau des victimes de Salamine flottant sur les eaux (v. 302-329, 967-999), la liste des possessions du roi Darios (v. 865-895), bien dans la tradition des catalogues achéen et troyen, au chant II de l'*Iliade* ; emprunts encore, la présence du songe et des visions (v. 176-214). La narration des exploits guerriers, comme ceux de Diomède, au chant V de l'*Iliade*, ou les images de fureur guerrière au chant VI, trouvent des échos dans le tableau des affrontements successifs à Salamine, à Psyttalie, à Platée ; seulement, la perspective diffère en ce que la tragédie propose un questionnement angoissé et critique sur la guerre : elle n'est plus conçue comme la manifestation d'une excellence héroïque ni comme un mode d'acquisition des richesses, du point de vue des Grecs, mais envisagée, du point de vue de l'ennemi, sous l'angle de la défaite qui vaut comme sanction d'un mal dont il faut élucider les causes et déplorer les effets. (La paix, cependant, n'est jamais explicitement donnée comme un idéal : ce n'est que bien plus tard que les Grecs diviniseront la Paix commune, *la koinè eirènè*.) L'économie des relations entre les personnages s'en trouve largement bouleversée, avec ses significations. Là réside la différence majeure : il n'y a plus de héros individualisé, ni de ces duels qui tissaient la trame épique, et c'est dorénavant le peuple grec, somme de petites collectivités bien identifiées mais foule collectivement anonyme, qui est le véritable héros. Être *nonymos*, sans nom, terme jadis infamant ou simplement affligeant – c'est le triste destin des Perses qui ont disparu et « n'ont plus de nom » (v. 1002) –, a désormais sa radieuse contrepartie dans la communauté qui ainsi se construit : la pièce d'Eschyle ne mentionne pas un seul nom de combattant grec, du général au dernier rameur. Dans *Les Perses*, tous les soldats grecs sont *inconnus*.

---

[1]. En particulier v. 115-125, 730, 760-761, et en général dans tous les épisodes choraux.

D'autres thèmes liés à la guerre rapprochent l'*Iliade* de la pièce des *Perses* : les différentes techniques d'assaut, combat naval ou terrestre[1], et surtout le recours à la ruse comme moyen de guerre (chez Homère, ruse du troyen Dolon, déjouée par la ruse supérieure d'Ulysse *polytropos*, « l'ingénieux » ou « l'inventif », chant X, v. 314 *sq.* ; chez Eschyle, stratagème du faux traître envoyé à Xerxès, qui l'induit en erreur sur les dispositions des Grecs au combat, v. 355 *sq.*).

On pourrait ramener de manière abrupte l'histoire des *Perses* à l'histoire du combat d'une armée décimée, et à l'histoire du retour d'un roi :

> *Quand je songe à présent, prophète de malheur,*
> * au retour du roi, au retour*
> *de l'armée dorée, le tourment*
> *point le cœur de mon cœur*

chante le chœur (v. 8-15). Or le retour (*nostos*) des héros, celui d'Ulysse en particulier, c'était la trame de l'*Odyssée* ; cependant que le récit des combats était la substance même de l'*Iliade*. Dans notre pièce, les deux thèmes ne sont plus distincts et consécutifs, mais contemporains. Ainsi, plus que toute autre, la tragédie des *Perses* est doublement fille de l'épopée homérique, à la fois *Iliade* et *Odyssée* en miniature. Peut-être tire-t-elle sa dimension tragique de cette contradictoire ascendance, entrelacs des deux matières. Comme il s'apprête à livrer à la reine le récit des combats, le messager exprime, dans ses premières paroles, la nostalgie[2] des soldats perses pour leur cité, au loin (v. 260-261) : « et moi je vois, / qui n'en avais nul espoir, le jour du retour ! ». Dans la progression dramatique de la pièce, cet avant-courrier est là pour préparer l'autre retour, celui du roi lui-même. On sait qu'au chant XXI de l'*Odyssée*, Ulysse, revenant à Ithaque, se fait reconnaître notamment par sa manière de bander l'arc ; il se peut qu'Eschyle se soit souvenu de cette brillante démonstration de force, en donnant à voir en Xerxès, à la fin de la tragédie, un roi piteux, le car-

---

1. Voir le Dossier, « Arts de la guerre, récits guerriers », p. 198 *sq.*
2. La *nostalgie*, est, étymologiquement, le douloureux désir du retour.

quois vide dans les mains (v. 1020-1023), comme une vivante antithèse du roi avisé de la petite Ithaque.

Si une parenté se dessine encore dans la présence insistante des manifestations de deuil, on constate qu'il ne s'agit pas des larmes d'une Andromaque sur son époux, ou des sanglots d'un Achille sur la mort de son plus cher ami, Patrocle. Eschyle porte une égale attention à tous les liens familiaux, dans leur généralité : parents privés de leur enfant, épouses regrettant leur jeune mari, vieillards pleurant la jeunesse de Suse[1], rois – Darios, et Xerxès – pris d'une pensée de commisération pour les peuples alliés[2]... C'est la communauté de la cité, représentée par les vieillards du chœur, qui requiert l'attention, et non pas seulement les princes.

Quant aux démonstrations de joie triomphante coutumières aux guerriers, ivres de sang et de fierté après le massacre de leur ennemi – que l'on pense à Achille encore, et aux profèrations de sa haine envers Hector[3] – que sont-elles devenues dans la tragédie d'Eschyle ? Plaçant le récit dans la bouche des Perses, il se trouvait dans l'impossibilité logique de manifester directement la joie de la victoire : aussi le péan des Grecs évoqué au v. 393 n'est-il pas un chant de triomphe qui suit le combat, mais un chant d'attaque qui en donne le signal. Le silence total sur l'identité des héros grecs équivaut à une abstention, un acte d'humilité prudente destiné à éviter que ne retombe sur des mortels trop heureux la jalousie des dieux ; de plus, à l'inverse des hymnes de victoire, la tragédie prend en charge l'expression de la souffrance du vaincu. Différence radicale... Peut-on pour autant, sans risquer l'anachronisme, parler d'un humanisme, qui manifeste l'aptitude à se mettre *à la place de l'autre*, quel qu'il soit – *a fortiori* ennemi ? Si on lit attentivement les manifestations expressionnistes du *kommos*

---

1. Voir en particulier v. 62-64, 133-139, 262-265, 286-289, 579-583...
2. Voir en particulier v. 730-733, 975-977, 988-991.
3. *Iliade*, chant XXII, v. 345-348 : « Ne t'en viens pas, chien, m'implorer par mes genoux ni mes parents ! / Ha, puissent m'entraîner et ma colère et mon ressentiment / à te déchiqueter, à manger ta chair crue pour ce que tu m'as fait ! / Crois-moi, personne ne pourra écarter les chiens de ta tête ! »

final, si l'on songe à certains traits de la mise de Xerxès et à certaines répliques échangées entre le roi et le chœur, la fin de la tragédie se colore tout autrement. Xerxès fait cet amer constat, sous une forme gnomique (v. 1034) :

> *Peine pour nous, c'est joie pour l'ennemi !*

En vertu de ce principe de renversement, peut-être les démonstrations emphatiques de la douleur des vaincus déclenchaient-elles, chez le public des vainqueurs, une jubilation finalement étrangère à la compassion (*éléos*) tragique[1]. Aristote rappelle d'ailleurs que la tragédie ne s'est que progressivement débarrassée des effets comiques et du mélange des tons : y aurait-il là des vestiges de ces traits archaïques, antérieurs à une claire différenciation des genres ?

Tragédie, drame satyrique et dithyrambe

Avec sa *Poétique*, Aristote nous a laissé un écrit constitué d'un cours qu'il professa entre 334 et 323 à Athènes : traité évidemment précieux pour réfléchir sur la codification progressive des genres dramatiques, mais bien tardif par rapport aux enfances de la tragédie. Aristote nous apprend que le théâtre est né du dithyrambe, hymne en l'honneur de Dionysos, et du drame satyrique :

> Étant donc à l'origine née de l'improvisation (la tragédie elle-même, tout comme la comédie ; la première remonte *à ceux qui conduisaient le dithyrambe* [...]), la tragédie fut peu à peu amplifiée parce que l'on développait tout ce qui apparaissait en elle ; puis après de nombreux changements, elle se fixa, une fois entrée en possession de sa nature propre.
>
> [...] La tragédie gagna encore en ampleur après avoir abandonné – puisque, *tirant son origine du drame satyrique*, elle a connu une évolution – *les histoires brèves et le langage*

---

[1]. Cela ne veut pas dire pour autant qu'il s'agit d'un sarcasme étranger à l'esprit religieux ; la question du rire rituel dans certaines cérémonies, et en particulier de sa fonction d'exorcisme dans les bouffonneries des drames satyriques, demeure encore obscure.

comique ; longtemps après, on lui conféra toute sa gravité [1]...

Les rapports précis avec Dionysos, que prouve la place prise par le théâtre aux Grandes Dionysies, ainsi que le rôle exact dévolu au bouc suggéré par l'étymologie (la tragédie est « le chant du bouc », *tragou aoidè*) ont donné lieu à de nombreuses hypothèses. Sur le premier point, il semble évident à tous les spécialistes que le dithyrambe ne racontait pas la passion et le sacrifice de Dionysos, et que les liens du théâtre avec la figure du dieu (déjà contestés par Plutarque dans ses *Propos de table*) relèvent plutôt de la situation de transe et de sortie de soi (*ek-stasis*) qui est au fondement du jeu théâtral. Sur le second point, ce « chant du bouc » signifie-t-il que des satyres, les « chèvre-pieds », y prenaient part, ou bien que dans les commencements l'on donnait un bouc en récompense au vainqueur du concours de dithyrambe, ou encore que l'on sacrifiait un bouc au cours de la cérémonie ?

Le texte d'Aristote assigne donc une double origine à la tragédie : le dithyrambe et le drame satyrique, dont elle constitue une élaboration supérieure, mais qui survivront un certain temps parallèlement sous leur forme propre. Le drame satyrique met en scène des acteurs accoutrés qui jouent le rôle (souvent ponctué d'acrobaties) de satyres ou silènes, êtres de fantaisie, joyeux et grotesques compagnons de Dionysos : de là, l'emprunt par la tragédie des principes de déguisement et d'incarnation d'un personnage. Le dithyrambe, lui, se présente comme un spectacle exécuté par un chœur de cinquante chanteurs-danseurs, non costumés, en formation cyclique (alors que le chœur de la tragédie sera en formation rectangulaire) autour de l'autel où l'on procède au sacrifice d'une bête. Les Anciens opposaient l'agitation tumultueuse et les modalités orientales de la musique du dithyrambe à la gravité d'autres genres du lyrisme. « Dithyrambe » s'apparente au mot qui désigne un chant d'acclamation, *thriambos*, dont le décalque latin, le cri rituel *triumpe*, aboutira en français au mot « triomphe ».

---

1. Aristote, *Poétique*, 1449a. Nous citons la traduction de Michel Magnien, Livre de Poche, coll. « classique », 1990, p. 107-108. C'est nous qui soulignons.

De là, l'existence des parties chantées ; de là, la présence du sacrifice, mais *redéfini*, dans la tragédie.

La tragédie a aussi des traits communs avec la commémoration des héros et de leur geste, qu'on représentait lors des funérailles de grands personnages ou des fêtes anniversaires[1], et avec les grands genres du lyrisme choral, dont les textes ont été transmis à partir du VIᵉ siècle et dont Pindare est le plus raffiné représentant : hymnes de type religieux (péans de ton grave en l'honneur d'Apollon), chants de combat et de victoire, thrènes (chants funèbres), *enkômia* (éloges), épinicies (célébrations d'un vainqueur aux jeux). On prête au poète Stésichore (dont le nom signifie « instaure-chœur ») l'invention de la triade que l'on retrouve dans les parties chantées du chœur de la tragédie : strophe et antistrophe, identiques quant au schéma rythmique, suivies d'une épode d'un mètre différent.

Finalement, deux écoles s'opposent sur la question de l'origine de la tragédie : celle qui postule un développement progressif linéaire, et celle qui traite la tragédie comme une structure plus ou moins hétérogène, modelée, modulée, adaptée selon les exigences mêmes d'un sujet donné. Dans sa belle étude sur *Les Perses*[2], Ann Michelini tire la leçon de la fausse datation des *Suppliantes*, pièce longtemps considérée (mais à tort) comme la plus ancienne à cause de traits prétendument archaïques (prédominance du chœur, rythme fondé sur les tétramètres trochaïques). L'erreur fut d'envisager la question en fonction d'une théorisation rigide, dont l'élaboration fournit certes un excellent outil de travail, mais conduit à oublier que l'œuvre vivante jouit d'une liberté que ne limite aucune règle contraignante. Il est plus inté-

---

1. Dans le chapitre consacré au thiase et à l'origine du théâtre de son ouvrage classique *Dionysos, histoire du culte de Bacchus* (Payot, 1951), Henri Jeanmaire rappelle qu'à Sicyone on donnait chaque année une « passion » d'Adraste, héros local inspirateur de la guerre contre Thèbes dont il était revenu en haillons, le seul survivant. Ce « mystère » (au sens médiéval et dramatique de ce terme) a pu inspirer à Eschyle l'idée de montrer le retour du roi vaincu.
2. Ann N. Michelini, *Tradition and Dramatic Form in the Persians of Æschylus*, Leiden, E.J. Brill, « Cincinnati classical studies », 1982.

ressant de penser que le dramaturge, en fonction de son sujet, de sa sensibilité, d'autres critères ou d'objectifs difficiles à connaître, a modulé à un moment donné la forme-tragédie pour l'adapter au mieux à l'effet souhaité, plus soucieux de la cohérence interne de sa pièce que du respect de règles encore mal codifiées.

Les Perses et le canon aristotélicien

Il ne s'agit pas ici de commettre un regrettable anachronisme : Eschyle ne peut évidemment se conformer, ni s'opposer, à un canon qui sera élaboré près de cent cinquante ans plus tard. Le texte aristolélicien est néanmoins fondamental, non point tant comme référence normative à quoi comparer des performances pour les évaluer, que comme le produit d'une expérience dont les tragédies d'Eschyle ont été forcément partie constitutive et phase presque originelle.

Si Aristote confirme la parenté de la tragédie avec l'épopée, en ce qu'elle est aussi « imitation (*mimésis*) d'hommes nobles dans un récit versifié » (1449b), il l'en distingue aussitôt en spécifiant que la tragédie « essaie autant que possible de se dérouler durant une seule révolution du soleil ». Cela ne va pas, dans *Les Perses*, sans un coup de force temporel qui fait arriver, bien peu de temps après le messager, de manière assez invraisemblable, le roi lui-même. Cette concentration n'est gênante que si l'on confond le temps réel et le temps des fictions ; elle possède au contraire l'avantage de mettre en œuvre une puissance d'émotion accrue, et d'opérer des rapprochements propices à l'intelligence des choses. Quant à la fin de la Poésie, soucieuse de l'universel, qui n'est pas celle de l'Histoire, éprise du particulier, elle s'accommode parfaitement de l'accumulation condensée des événements : elle se propose en effet d'en tirer une leçon générale, et non une série de petites vérités ponctuelles qui ne créent pas nécessairement du sens – et quelquefois même l'offusquent.

« Imitation d'une action noble », certes, mais, précise Aristote, « faite par des personnages en action et non par le moyen d'une narration » (1449b). Ici le bât blesse : sur la scène se passent, de vrai, bien peu de choses. On ne peut rigoureusement nommer « péripéties » l'arrivée d'une reine, d'un messager, d'un roi, l'apparition de l'ombre d'un autre roi. L'essentiel de cette tragédie est constitué de *narrations*. Il faut donc que ces narrations soient elles-mêmes riches d'actions au point d'en être tout occupées. Or, sur ce point, le spectateur (ou le lecteur) n'est pas déçu : le bruit et la fureur du *théâtre* de la guerre sont partout présents dans *Les Perses*. Mais, pour ne pas encourir de reproche, ces narrations doivent avoir d'infinies qualités de figuration : en somme, hériter des traits spécifiques de l'action et de sa dynamique, et les transposer afin de donner des équivalents dans l'ordre du discours de ce qu'on appelle, dans le domaine de l'action, la *péripétie* ou le retournement.

Cette action, ajoute Aristote, est soit « simple », soit « complexe » (1452a) : l'opposition exclusive qui s'exprime en ces termes ne paraît pas ici un outil opératoire, *Les Perses* conciliant foisonnement et unité, nous le verrons. Mais qu'elle soit simple ou complexe, l'action ne doit pas se contenter de juxtaposer les événements, elle doit posséder une véritable cohérence interne. La condition requise, dans le cas des *Perses*, est d'admettre que tous les effets visibles du malheur dont les protagonistes se font l'écho reçoivent leur explication grâce à une instance qui n'est pas de l'ordre du sensible : la méditation sur les causes du mal, sur le caractère, immanent à la faute, du châtiment, sur le rôle invisible des dieux dans l'accomplissement des événements (*télos*), quand nul *deus ex machina* ne se vient montrer sur le *théologeion*.

Au plan métaphysique et moral, on peut dire qu'il y a dans cette pièce concordance avec la prédilection aristotélicienne. Dans la dynamique de l'intrigue, Aristote récuse successivement : le passage d'un homme juste du bonheur au malheur, comme répulsif ; le passage d'un méchant du malheur au bonheur, comme injuste ; le passage d'un méchant du bonheur au malheur, comme trop juste, cette fois (1452b-1453a). Seul reste donc le cas d'un homme « qui, sans être incomparablement vertueux et juste, se retrouve dans le malheur non à cause de ses vices ou de sa méchanceté, mais à cause de quelque erreur ». Il importera de mesurer quelles ont été les erreurs de Xerxès et des Perses.

Reste la question de la pitié et de la crainte, instruments de la mystérieuse *catharsis*, cet effet propre à la tragédie dont le sens a été si controversé[1]. Crainte et pitié sont bien au rendez-vous dans *Les Perses* : non par le spectacle et l'action, mais sur un autre plan, en tant que contenu essentiel du discours. La question des effets produits sur l'assistance se pose d'ailleurs de manière très complexe puisque ce paraît être une véritable gageure que d'exiger de quelqu'un de la compassion pour un ennemi qui la veille encore s'appliquait à le détruire, à le réduire en esclavage... L'exercice est d'autant plus difficile que, renonçant à la facilité des moyens de mise en scène les plus frappants – *représentation* de meurtres, d'agonies... –, le poète ne fait fond que sur la *narration*. La réflexion appuyée sur la *Poétique* d'Aristote devra alors être relayée par l'apport fondamental des considérations de Longin[2] sur les liens entre les lamentations, qui relèvent du pathétique, et le Sublime.

Aristote, enfin, distinguait de façon implicite une évolution depuis les premiers temps de la tragédie jusqu'à son époque, lorsqu'il affirmait que « sans action, il ne saurait y avoir de tragédie, alors qu'il peut y en avoir sans caractères » (1450a). *Les Perses* entrent dans cette

---

[1]. On se reportera, sur ce sujet, aux analyses fondamentales de Jackie Pigeaud dans son ouvrage *Folie et cures de la folie chez les médecins de l'Antiquité gréco-romaine. La manie*, Les Belles Lettres, 1987, « Le traitement par le théâtre », p. 162-183. Ces pages font le point sur les différentes interprétations qui ont été proposées de la *catharsis* aristotélicienne, avant d'en proposer une lecture médicale : « Je pense que la *catharsis* vise le rapport de l'âme et du corps. La musique, comme la tragédie, ont sur les passions, c'est-à-dire sur l'insertion de l'âme dans le corps, un effet qui ressemble à l'action suivie d'exonération et de soulagement de la purge médicale. [...] La tragédie n'agit pas *seulement* sur la *dianoia*, la pensée rationnelle. Comme la musique, parce que comme elle, elle est *mimésis*, représentation, elle agit sur la relation de l'âme et du corps, manifestée dans les passions. La représentation crée un état de choc ; elle effraie et rend pitoyable. Mais c'est un choc limité, à cause de la proximité ; nous voulons dire que le spectateur peut bien se comparer au personnage ; il ne saurait dépasser l'analogie pour aller jusqu'à l'identification. » (p. 182.)
[2]. Voir le traité classique attribué à Longin, rhéteur du Ier siècle de notre ère, *Du Sublime*, qu'on lira dans l'édition de Jackie Pigeaud, Rivages, « Petite bibliothèque », 1991.

catégorie, sans doute primitive, où le portrait psychologique est embryonnaire. Les auteurs de la génération d'Aristote ont développé davantage la dramaturgie fondée sur les caractères, obéissant à des conceptions moins théocentristes et plus anthropocentristes, parallèlement au recul de la métaphysique et à la promotion de l'art de la rhétorique : « les poètes anciens faisaient parler leurs personnages comme des citoyens, et les contemporains les font parler comme des rhéteurs » (1450b). Mais qu'il s'agisse des parties chantées, parlées ou psalmodiées, les poètes ont toujours dû « savoir ce qu'est un ordre, ce qu'est une prière, un récit, une menace, une question, une réponse » (1456b). Si la tradition veut que l'on fasse naître l'art rhétorique en Sicile vers 465 avant notre ère, sous la férule de Tisias et de Corax, les poètes tragiques ont dès l'origine travaillé à améliorer et embellir la technique de l'expression et la qualité du langage ; ils ont en fin de compte assoupli et enrichi la langue, et produit ce qu'on pourrait nommer les « incunables » du discours délibératif et épidictique[1].

DRAMATURGIE ET SIGNIFIANCE

À la lecture, la pièce donne d'abord l'impression d'une extrême unité, assurée à la fois par la nature du sujet, dans sa simplicité même – la défaite des Perses –, et par l'approfondissement constant de l'expression de la douleur. Eschyle explore tout le lexique du malheur : *kakon*, le mal ou le malheur, qui revient de façon obsédante tout au long de la pièce, dans le discours de tous les personnages ; *symphora*, événement le plus souvent triste, mal-

---

1. Dans l'art oratoire tel qu'il s'est codifié au Ve siècle avant notre ère, on distingue trois types principaux de discours, qui définissent les trois grands genres oratoires : le genre *délibératif*, quand il est question de décider (la fonction d'un discours délibératif est de conseiller ou de déconseiller) ; le genre *judiciaire*, quand il est question de juger (la fonction d'un discours judiciaire est d'accuser ou de défendre) ; le genre *épidictique* (ou *démonstratif*), quand il est question d'évaluer ; le discours épidictique, dont la fonction est de louer ou de blâmer, est souvent un discours de célébration, d'apparat. Aristote a nettement défini ces différentes catégories dans sa *Rhétorique*.

heur, détresse ; *pèma* et *dua*, le désastre, le revers ; *pathein*, souffrir, *pathos*, la souffrance, *penthos* et *algos*, la douleur. Il file aussi le lexique de la tromperie : *dolos*, la ruse ; *apatè*, le piège ; *atè*, l'erreur, et *Atè*, personnification de l'Erreur ou de l'aveuglement. Le champ du destin : *Moira* – la Fatalité personnifiée porte ce nom ; *moros*, le mauvais sort qui échoit en partage. Et le registre de l'angoisse : *phobos*, la peur ; *deima*, la crainte... Sans compter tous les termes qui expriment la lamentation, et ceux qui disent la mort sous toutes ses formes : comme des refrains pathétiques, reviennent les verbes *ollunai*, faire périr, et *phtheirein*, anéantir, simples ou en composition, conjugués à tous les temps. Cette angoisse n'est pas passivement vécue, mais à la fois ressentie dans son acuité physiologique (par exemple aux v. 10, 161, 913...) et soumise au contrôle de la pensée qui la prolonge et tente de lui donner sens, sinon répit : expression d'une intuition, « au lieu d'être une émotion prophétique, la crainte [devient] une prévision alarmante [1] ».

Pourtant, en dépit de cette uniformité globale des affects, la tragédie échappe parfaitement à la monotonie grâce à un art consommé de la présentation : richesse des modes du dire, science de la construction, de l'annonce et du *moratoire*, énonciation très progressive des malheurs qui rendent la tension constante, en maintenant la curiosité et l'intérêt. Cet art du temps tragique se double, au plan du contenu, de toutes les nuances du *pothos* [2], ce sentiment entre désir et regret qu'éprouvent ici l'Asie entière (v. 61-64) et les épouses, chacune en son cœur (v.133-134) :

> *et les lits sont tout pleins de larmes*
> *qui coulent du regret des hommes...*

Il convient maintenant d'étudier cette charpente qui structure toute l'action : l'organisation temporelle – et tout particulièrement le jeu des attentes, des questionne-

---

1. Selon les analyses de Jacqueline de Romilly, *Crainte et angoisse chez Eschyle*, Les Belles Lettres, 1971, p. 11.
2. *Pothos* désigne le sentiment de manque que ressent le guerrier de l'épopée homérique au souvenir de son pays et des êtres chers qu'il y a laissés.

ments, des interrogations, des éclaircissements différés, des présages et des menaces, sur lequel repose la dynamique tragique des *Perses*.

LE TEMPS TRAGIQUE :
ATTENTE ET INATTENDU

Le plus puissant unificateur de la tragédie demeure le temps – auquel, selon les dires d'Athénée[1], un érudit du IIIe siècle de notre ère, Eschyle aurait dédié son œuvre. Il prend d'abord la forme de l'attente : attente des nouvelles, attente du roi, attente du retour des hommes par les femmes et les enfants qui « comptent les jours ». L'attente ne connaît de rémission que lors de l'apparition du vieux roi Darios ; encore est-ce pour renvoyer l'esprit au regret d'un passé heureux et au souvenir d'un oracle menaçant, ou aux affres d'un avenir plus noir encore – annoncé par la prophétie, avec la perspective de la future défaite de Platée (v. 800-801 *&* 816-817). Ainsi, la tragédie embrasse un temps beaucoup plus long qu'il y paraît : la durée exacte que requièrent les « délais de la justice divine[2] », pour accomplir l'*aelpton*, l'inattendu.

La tragédie présente un développement linéaire, de type paratactique, où nulle action seconde ou secondaire ne vient entraver le déroulement de l'action – ténue – et de la lamentation sur la guerre. À première vue, l'on dirait donc la pièce unitaire : elle ne développe guère que le récit du désastre perse, scandé par le nom vingt-cinq fois répété de Xerxès[3], incantation-malédiction qui, à la fin, a pour effet de le faire apparaître, tragiquement seul et unique vivant, après la litanie des hordes de ses soldats morts.

Mais cette unité se compose en quatre mouvements, entrecoupés par les interventions du chœur : ils concentrent l'attention successivement sur la reine, sur le messager, sur le feu roi Darios, sur Xerxès enfin.

---

1. Athénée, *Banquet des sophistes*, VIII, 347.
2. C'est le titre d'un célèbre traité de Plutarque.
3. Au cœur de la pièce, dans l'entretien entre sa mère et l'ombre de son père, le nom de Xerxès est relayé par le plus émouvant *pais emos*, « mon fils ».

L'art de la temporalité est particulièrement sensible dans le récit du messager, magistrale composition toute en tension, en suspens dramatique. La relation de la bataille de Salamine s'ouvre sur un magnifique tableau du combat naval (v. 353-432), se poursuit avec une évocation, plus brève, de la cruelle défaite terrestre sur l'îlot de Psyttalie (v. 447-472), et retrouve un souffle plus ample pour peindre la terrible retraite (v. 480-513). Ces trois moments sont marqués par une extrême diversité de moyens et d'effets ; pour relancer cruellement l'inquiétude, le messager annonce, au terme de son premier récit, qu'il n'est pas encore à la moitié même des malheurs (v. 435). Enfin, l'expression traditionnelle si souvent vérifiée, « ajouter mal sur mal », que la reine prononce en manière de conclusion (v. 531), couronne la narration par la formule, comme mathématique, de la tragédie des Perses.

Si l'on revient à la structure d'ensemble de la pièce, on constate que son organisation quadripartite ne souffre d'aucune froide régularité, puisque le passage porteur de la plus haute signification est dévolu à Darios, le revenant : c'est donc que la pièce ne va pas *crescendo* jusqu'à son terme, et que son acmé n'est pas dans sa fin mais plutôt en son cœur (v. 681-842). Au-delà de l'événement que constitue l'apparition de Darios, le commentaire du chœur change de tonalité. Mais l'intérêt ne retombe pas pour autant après le retour aux Enfers du feu roi, puisque déjà avaient été savamment distillées des indications (v. 299-300, 564-565, 737-738) qui d'abord évoquaient Xerxès, puis le donnaient pour vivant, pour tout proche peut-être : tout à coup, il paraît enfin sous nos yeux, revenu ! Ainsi, cette attente, ce désir de revoir les soldats perses, que nous avons dit être le sentiment dominant du chœur, nous a touchés par contagion, et avec lui nous attendons Xerxès – jusqu'au v. 908 : seconde acmé. Mais les apparitions des deux rois sont de teneur si dissemblable qu'elles invitent nécessairement à la comparaison et à la réflexion.

Ici et là, viennent bousculer le développement régulier de ce qu'on a pu appeler un « *oratorio*[1] », soit de subites

---

1. Selon la brillante analyse de Nicole Loraux dans son ouvrage *La Voix endeuillée. Essai sur la tragédie grecque*, Gallimard, coll. « nrf essais », 1999, p. 71-79.

accélérations du temps – par exemple le surgissement d'un messager que l'on n'espérait plus –, soit des mutations légères en apparence, et qui en effet affectent gravement le cours des choses : la reine n'avait préparé l'offrande que pour honorer les morts ; c'est le chœur qui suggère de s'en servir pour évoquer[1] l'ombre de Darios, et ce sera le moment majeur de la tragédie. L'arrivée sur scène d'Atossa, qui se produit à deux reprises, échappe à l'effet de redite, puisque la différence de son équipage, qu'elle souligne elle-même (v. 607-609), montre une dégradation progressive : la balance s'incline toujours plus bas sous le poids du destin. Même les faux espoirs ne nous sont pas épargnés : ainsi Darios (v. 838) nous donne à croire que la rencontre entre la mère et le fils va avoir lieu, ce que les paroles d'Atossa laissent aussi espérer (v. 849-850) : « Allons prendre un bel habit dans le palais, puis / tâchons de le trouver ». On attend cette rencontre comme un moment de douceur relative à goûter ensemble au milieu des malheurs : « Toi seule, je le sais, il voudra t'écouter », dit Darios (v. 838) ; mais ce moment d'attendrissement, ou ce baume, nous est finalement refusé.

La dynamique du questionnement et de l'élucidation

Selon une formule de Paul Valéry, « le lyrisme est le développement d'une exclamation ». Dans la tragédie des *Perses*, préludant aux cris et aux gémissements, c'est l'*interrogation* qui est le principal élément actif de l'intrigue : premières questions du chœur (v. 93-96, 142-149) ; questions de la reine, adressées au chœur (v. 230-245, après la sollicitation, implicite, d'une interprétation de ses songes, v. 176-211), puis au messager (v. 295-298, 333-336, 348, 350-352, 438-440, 446, 478-479) ; questions du roi Darios à la reine (v. 715-738), suivies des questions du coryphée à Darios (v. 786-789, 793, 798-799) ; dernières questions du chœur au jeune roi défait, qui sont presque des demandes de comptes (v. 955-961, 966-973, 985, 1016, 1021). À Xerxès ne

---

1. *Évoquer*, c'est proprement faire sortir des Enfers, par la voix (*voce*) qui appelle.

restera, au milieu de quelques injonctions aux vieillards, qu'à dresser le constat sans appel du malheur présent.
La tragédie peut être définie comme un processus de connaissance dont les moments s'égrènent dans un temps donné[1], au cours d'une approche progressive de la vérité, par l'entremise de signes ou d'êtres qualifiés pour la dispenser. Au-delà des questions ponctuelles sur le sort de l'armée, la question fondamentale concerne l'origine du mal (*arkhè kakôn*, *cf.* v. 350-354) : la cause, et les coupables. Comment sont nouées et comment se complètent, s'articulent ou se mirent l'une dans l'autre la cause divine et la faute humaine ? Le mal, s'il est dans l'excès, la démesure, la folle présomption de l'*hybris*[2] dont Xerxès est la figure emblématique, est-il en lui-même la source des malheurs, ou déjà l'effet et le signe qu'un dieu a désiré faire descendre sur un homme une maladie de l'esprit (*nosos phrenôn*), une démence (v. 751) pour l'aveugler ? Tout au long de la pièce, on note la régulière mise en accusation du *daimôn*, cette divinité intermédiaire qui représente le sort fatal (v. 158, 345, 354, 472, 515, 601, 724-725). *Daimôn*, *Atè*, *Moira* sont autant d'instruments de la divinité qui aménagent entre le divin et l'humain une échelle ascendante, sorte de double noir de cette autre relation qui se manifeste positivement en s'élevant de l'humain vers le divin dans la prière et la libation. Le tragique ne se définit pas par le conflit entre le dieu et l'homme mais bien plutôt comme la collaboration fatale entre le dieu et l'homme. Dans sa préface à l'essai classique de Karl Reinhardt[3] sur Eschyle, Emmanuel Martineau souligne cette idée de la « compénétration », de l'« unité conflictuelle et la coïncidence », ou « ajointement serré », de la volonté de l'homme et du règne des dieux. En effet, écrivait Reinhardt, « un pur domaine de l'humain n'ayant pas

---

[1]. On a fait l'hypothèse, les tragédies étant de longueur comparable, que le temps en était prescrit par l'écoulement d'une clepsydre, ou horloge à eau.
[2]. *Cf.* v. 808-821. Sur cette notion d'*hybris*, essentielle à la tragédie grecque, on se reportera au Dossier, p. 219-225.
[3]. Préface du traducteur, in Karl Reinhardt, *Eschyle. Euripide*, traduction d'Emmanuel Martineau, Éditions de Minuit, 1972 ; réed. Gallimard, coll. « Tel », 1991, p. 10-11. Édition originale en allemand de l'essai sur Eschyle : 1949.

encore fait sécession du tout de la divinité », « jamais le héros eschyléen ne [fait] un pas vers une existence propre, séparée, "prise" en elle-même ». Et, commente Emmanuel Martineau, « si le dieu "trop lourdement" pèse sur l'homme eschyléen, c'est moins par une action à distance que dans une proximité d'où, "travaillant" tout entier l'être humain par des supplices ou des visions, il demeure plus *absent* que jamais ». Témoin de cette indistinction dans la langue grecque, *kakon* est soit le malheur que l'on subit, soit le mal que l'on fait ; cependant que la prospérité (*olbos*) est un bien édifié par les hommes, certes, mais en même temps concédé par les dieux (v. 164). Celle-ci peut d'ailleurs se révéler ambivalente, et sceller parfois la perte des mortels. Dès lors, où est la limite ? À quelles conditions le nombre et la richesse se changent-ils de bénédiction en menace ? La tragédie s'applique précisément à montrer les étapes de cette élucidation. Mais pour cela, de quels instruments de connaissance disposent les personnages des *Perses* ?

De la sagesse des hommes, incarnée par les Fidèles ? Le chœur n'est pas véritablement investi de la fonction d'éclaircissement (*saphèneia*) ; il peut donner des conseils (*bouleumata*), assurer la reine de sa loyauté, réfléchir sur les événements, il n'en conserve pas moins une prudente mesure (v. 215-216) : « Mère, nous ne voulons t'effrayer à l'excès par nos paroles, / mais pas non plus te rassurer ».

Des présages ? Ils sont précieux, tant du point de vue religieux – Eschyle ne met jamais en doute leur validité, bien décidé à ignorer les manipulations que des esprits seulement soucieux d'utilité en peuvent faire – que du point de vue dramatique. Le rêve, en particulier, permet de connaître les intentions des dieux ; encore faut-il savoir en dégager la juste signifiance. Or, si l'interprétation du songe d'Atossa que font les Fidèles est toute bienveillante (v. 215-225), ils paraissent au fond avoir manqué de compétence, et la reine ne laissera pas de leur reprocher de l'avoir faite bien « légèrement » (v. 520) ; et elle finira par en percevoir clairement (*saphôs*) le sens (v. 518-519), pour conclure : « à mes yeux se fait jour l'hostilité des dieux » (v. 604).

Mais ce n'est qu'au sein du rituel de nécromancie que la vérité commence vraiment à se montrer : Darios est un interprète plus qualifié, qu'Eschyle présente comme détenteur d'une connaissance complète de l'avenir[1] (v. 632, 739-740, 796-797, 800 *sq.*).

Au terme de la pièce, quand tout est accompli, la vérité n'est plus dérobée, elle paraît dans toute son ampleur, sans plus de mystère : « les dieux, sans équivoque [*ouk amphilogôs*], / ont renversé le cours des choses », affirme le chœur (v. 903).

Au terme de ce dévoilement, l'apparition de Xerxès revêt une signification qui soumet le roi à la parole de son père : tout se passe comme si ce qui a été largement expliqué par le sage Darios devait recevoir une ultime confirmation, concrète et sensible. Il nous faut voir, de nos yeux : or voici la figure lamentable d'un roi qui n'a pas su gouverner, ni se gouverner. De cette déchéance, son vêtement porte la marque. Le spectateur avait déjà eu loisir, au récit du songe de la reine, d'imaginer Xerxès déchirant sa robe (v. 197-199) :

Alors tombe mon fils – et son père apparaît.
Darios le plaint ; Xerxès, aussitôt qu'il le voit,
met en lambeaux sa robe sur son corps.

La vision est renouvelée, et transposée dans la réalité, lorsque le messager raconte que Xerxès, au spectacle du désastre de Salamine « déchire sa robe et pousse un cri perçant » (v. 468), puis lorsque Darios confie à la reine le sort de leur fils (v. 835-836) :

dans la douleur de tels malheurs, ses vêtements
chamarrés flottent sur lui, tout déchirés en lambeaux.

Au dénouement, le spectateur a enfin sous les yeux ce Xerxès qu'on lui a donné à attendre et à détester, *doublement*, en tant qu'ennemi perse et en tant que mauvais chef ; et cette fois c'est en personne qu'il vient dire « j'ai déchiré ma robe » (*péplon eperrèxa*, v. 1030). Il faut prendre la mesure de la condition solitaire du person-

---

[1]. C'est un trait récurrent dans la poésie des Enfers : tout héros tentant le voyage interdit, puisque le monde des vivants et celui des morts ne doivent pas communiquer dans ce sens-là, recherche un savoir sur l'avenir. Ainsi Ulysse faisant surgir la figure de sa mère Antikléia au chant XI de *L'Odyssée* (qu'on appelle la *Nekuia*), Énée au chant VI de *L'Énéide*...

nage, déjà si fortement exprimée au v. 734 (« Et seul Xerxès, dit-on, isolé »...) : il ne pouvait lui être accordé de partager ni la faute, ni le bonheur des retrouvailles, avec ses pairs ou ses parents. Pas de *stabat mater*... Même si son dénuement, sa tenue de suppliant, son arrivée sur scène sur un rythme anapestique[1] (d'ordinaire, celui du coryphée) l'intègrent tant soit peu au chœur avec lequel il se livre dans le *kommos* final à une commune déploration, il subit les reproches des Fidèles, qui introduisent à la fin de la pièce un ton nouveau, presque sarcastique. Le spectacle se clôt sur ce roi-fantoche, à la fois effrayant et ridicule, avec son carquois vide de sens et de flèches, désormais emblème de l'impuissance. Dans cette parousie finale se mesure toute l'importance du procédé qui est au fondement même du théâtre : l'incarnation du personnage, qui sert ici de preuve vivante à sa propre déchéance. Essayons un instant d'imaginer l'émotion à cette vue du public des Athéniens, découvrant devant eux l'image, défaite, de l'ennemi héréditaire qui venait de mettre à sac Athènes, de piller les sanctuaires et de ravager l'Attique ! Ont-ils ri ou pleuré ? Peut-être auront-ils éprouvé un sentiment fort complexe et contradictoire, qui ne pouvait entrer dans les catégories d'Aristote[2], ou qui n'a pas eu d'autres exemples pour autoriser l'invention d'une nouvelle catégorie dramatique.

---

1. Voir sur ce point la Note sur la métrique, p. 77-79.
2. Dans la tétralogie primitive, si l'on se fie au scholiaste qui a composé l'argument de notre pièce, *Les Perses* venaient en seconde position. Mais certains philologues, notamment H.D. Broadhead (*The Persæ of Æschylus*, p. LIX), mettent en doute cet ordre, pensant qu'il serait plus logique que la pièce d'actualité succédât aux deux tragédies mythologiques. En ce cas, le dénouement des *Perses* préluderait au drame satyrique refermant cette tétralogie, *Prométhée allume-feu*, qui est justement une célébration de victoire. Citons encore les propos troublants qu'Aristophane prête à Eschyle, aux v. 1026-1027 des *Grenouilles* : « Puis, quand j'ai fait jouer *Les Perses*, j'ai enseigné le désir / de toujours vaincre l'adversaire, en magnifiant ce noble exploit. »

Une tragédie oraculaire

> Pour produire la majesté, la grandeur d'expression et la véhémence [...], il faut ajouter aussi les apparitions comme le plus propre à le faire. C'est ainsi du moins que certains les appellent « fabricantes d'images ». Car si le nom d'apparition est communément donné à toute espèce de pensée qui se présente, engendrant la parole, maintenant le sens qui l'emporte est celui-ci : quand ce que tu dis sous l'effet de l'enthousiasme et de la passion tu crois le voir et tu le places sous les yeux de l'auditoire.

Ces quelques lignes du traité *Du Sublime* de Longin[1], avec leur évocation des pouvoirs de l'image (*eidôlon*), semblent assez bien convenir aux *Perses* ; elles définissent la qualité d'*enargeia* d'un discours, sa capacité à faire voir, à susciter quelque chose comme une apparition (*phantasia*). Ainsi, le cortège des Perses partant en guerre offre un « spectacle formidable » (v. 48) et le songe propose une « vision » plus « vive » (*enarges*) que jamais (v. 179). L'insistance d'Atossa sur ce qu'elle a *vu* (*idein* ; v. 200, 211) nous invite à nous représenter vivement les choses. Les effets d'hypotypose appuient aussi tout le récit du messager, où les moments les plus spectaculaires et douloureux de la bataille de Salamine passent soudain au présent de représentation. Darios nous est, lui, véritablement donné à voir – *eidôlon*, disent les scholiastes[2], image visible, ombre ou spectre. Le mot de *théâtre*, qui étymologiquement ne signifie pas seulement lieu d'où l'on voit, mais instrument permettant de voir, prend là pleinement son sens. C'est par la vue que s'opère l'élucidation.

---

1. Longin, *Du Sublime*, XV, 1 ; éd. cit., p. 79. « Apparition » traduit le grec *phantasia*. Dans une longue note, Jackie Pigeaud justifie cette équivalence, en faisant notamment référence à Quintilien (*Institution oratoire*, VI, 2, 29) : « Ce que les Grecs appellent *phantasiai*, c'est à peu près ce que nous appelons visions (*uisiones*), grâce auxquelles les images des choses absentes sont représentées dans l'esprit, de telle sorte que nous croyons les discerner de nos yeux et les avoir présentes. Celui qui concevra bien ces visions, celui-là sera tout-puissant sur les passions. » La figure de l'*hypotypose* transpose dans l'ordre du discours cette puissance de représentation, voire d'illusion.
2. Ainsi dans l'Argument de la pièce, beaucoup plus tardif que le texte d'Eschyle, que nous traduisons p. 90-91.

Une fois nos yeux dessillés, retournons-nous vers l'amont de la tragédie pour retrouver tous les moments qui contenaient l'annonce des événements, explicite mais encore indéchiffrable. L'image du songe – Darios plaignant Xerxès qui met sa robe en lambeaux – puis la vision d'Atossa – le combat entre l'aigle et l'épervier – constituent un parfait résumé programmatique de la totalité de l'histoire que la tragédie va déployer sous nos regards[1]. De même, de manière plus discrète, ce tout premier verbe du chant du chœur dans la *parodos*, *oikhoménôn* (« Voici, d'entre les Perses qui *s'en sont allés* »...), que l'on comprend comme « partir à la guerre », est repris aux vers 59-60 (« Voyez la fine fleur des hommes / de notre Perse qui *s'en va* »), pour se trouver tragiquement précisé et élucidé au v. 252 (« La fleur des Perses *s'en est allée*, est tombée »), où le même verbe signifie cette fois « partir pour l'autre monde ». Subtil effet d'ironie tragique !

Les oracles, dont l'ambiguïté est favorisée par les défauts de la langue[2], sont parfois trompeurs ; la tragédie eschyléenne est une œuvre d'art qui imite leur dévoilement différé, et affecte un fonctionnement oraculaire. Examinons ainsi le sort fait à ce *pélanos* qui paraît à trois reprises dans le texte : c'est d'abord, au v. 204, la galette rituelle que la reine espère dotée d'une vertu apotropaïque ; puis, au v. 524, après le récit du messager, ce *pélanos* devient la libation aux morts de la guerre, sa valeur est encore propitiatoire. Lorsque le mot reparaît, c'est assorti du qualificatif *aimatosphagès*, pour signifier bien concrètement la *bouillie* de sang du carnage sur le champ de bataille de Platée (v. 816) : il est donc brutalement passé du sens propre au sens figuré. Or dans *Les Perses*, la reine ne procède pas à un sacrifice sanglant, alors que, pour évoquer Antikléia des Enfers, Ulysse

---

1. Pour un déchiffrement détaillé de ce songe et de cette vision, on se reportera, en marge du texte, aux notes des v. 186 & 210.
2. On pense à la traîtrise de la proposition infinitive, qui en grec ne permet pas parfois de distinguer le sujet de l'objet, hypothéquant grièvement le sens. Hérodote (*Histoire*, I, 53) rapporte le contresens que fit le roi Crésus consultant l'oracle de Delphes ; la Pythie lui avait annoncé que s'il faisait la guerre aux Perses, il détruirait un grand empire ; il n'avait pas compris qu'il s'agissait du sien...

verse le sang noir de la bête, où les Ombres viendront boire (*Odyssée*, XI). Faut-il alors comprendre que la fonction de victime – ici collective – du sacrifice sera assumée par les soldats perses ? Si Xerxès, image mentale, est devenu réalité sous les yeux du spectateur, l'innocente galette de la libation, en passant dans le champ de la métaphore, ne s'est pas pour autant dématérialisée. Au contraire, elle peint plus férocement qu'une longue description les horreurs de la guerre, tout en réaffirmant le caractère religieux et expiatoire de la perte de l'armée. Eschyle se révèle ici « metteur en scène et théologue, l'un parce que l'autre, l'un en tant même que l'autre[1] ». La tragédie énonce des oracles, propose des visions, laisse planer la menace de leur accomplissement, les réalise à la fin, et punit ainsi l'impiété des hommes ; si l'on transpose la leçon, ponctuelle, de l'intrigue sur le plan universel, elle se mue pour chaque spectateur en oracle d'avertissement.

LE CHANT TRAGIQUE

LE STATUT DU CHŒUR ET DES ACTEURS

Le chœur chante, espère et craint. Il a un rôle de direction du chant qu'il inaugure au v. 65, donnant la tonalité de la pièce et ses motifs majeurs ; on retrouve quelquefois dans les paroles de la reine ses propres expressions, à peine paraphrasées. On peut ainsi comparer les v. 115-116, chantés par le chœur,

> *Pourtant mon cœur, voilé d'une tunique noire,*
> *ainsi se déchire de crainte*

avec le v. 161, prononcé un peu après par Atossa :

> Une pensée me déchire le cœur...

Ce type de répons qui reprend la formule de l'officiant donne une coloration religieuse au chœur. Mais il a aussi

---

1. Préface d'Emmanuel Martineau à l'ouvrage déjà cité de Karl Reinhardt sur Eschyle, p. 15.

une fonction d'écho que suggèrent ses paroles aux v. 120-122, et à l'autre extrémité de la pièce les plaintes amœbées échangées avec Xerxès (v. 1002-1003, 1007-1008, 1040-1045...).

Le chœur est donc comme la chambre de résonance de l'émotion dont vibre la tragédie. Dès la première annonce du messager (v. 249-255), en une série de trois strophes et antistrophes, il énonce les motifs essentiels – la douleur présente, la vaine expédition, le carnage sur les eaux, l'intervention divine, la mémoire du désastre – que la tragédie va développer. S'il est le premier à accuser Xerxès et à amorcer une comparaison entre le roi et son père (v. 548-557, 852 *sq.*), il échoue néanmoins dans son rôle de conseiller, à deux reprises : lorsqu'il interprète de façon trop bénigne le rêve d'Atossa, et lorsqu'il s'avère incapable de devenir l'interlocuteur de Darios (v. 694-702). Enfin, c'est peut-être de lui qu'il s'agit lorsque la reine incrimine les mauvais conseillers (v. 753-758). Tout se passe comme si le chœur hésitait entre différentes missions – accueillir et louer (fonction lyrique), ou donner de loyaux conseils[1] (fonction délibérative) – dans une tension entre sa fonction première, le chant, et sa part dans le dialogue. Et lorsque Darios refuse aux Fidèles d'être ses interlocuteurs (v. 703-704), c'est pour Eschyle une façon de légitimer la présence en scène, outre le chœur, de *deux* acteurs[2].

Cependant, les échanges triangulaires sont encore malaisés : quand le messager annonce les désastres au chœur, la reine reste silencieuse, et l'on a beau prêter à cette évanescence un sens psychologique (réserve royale, aphasie sous le coup de la douleur...), les explications embarrassées qu'elle donne (v. 290 : « Je me suis tue longtemps, malheureuse, ébranlée... ») accusent bien la nouveauté du procédé et la difficulté de composer un

---

1. Bien des tragédies auront pour décor le palais royal ; dans *Les Perses*, la scène semble prendre place devant le *stégos*, « l'antique toit » (v. 141) où siège le Conseil. C'est lui accorder une certaine importance.
2. Rappelons qu'Eschyle fut le premier dramaturge à introduire, à côté du chœur, et simultanément, un second acteur sur la scène. Sophocle aurait pour sa part introduit le troisième acteur. (Après, on ne compte plus.)

dialogue pour trois personnages : coryphée, messager, reine. Dès lors que cette dernière aura adressé la parole au messager, le coryphée, lui, se taira.

Il serait faux de séparer complètement le problème technique du nombre des acteurs et la nature des sentiments exprimés, puisqu'il y a forcément incidence de l'un sur l'autre. Dans la tragédie, dont la définition même implique la notion de crise, règne un certain désordre dans la distribution des rôles : ici, une reine fait la messagère (pour Darios) ; on voit un roi pleurer et déchirer sa robe. À l'épreuve d'un sujet aussi grave que la destruction d'un peuple, les failles de la nouvelle donne dramaturgique laissent entrevoir l'état ancien et surgir quelques signes ténus, avant-coureurs de ce qui se développera dans le théâtre sophocléen et euripidéen – l'expression de l'émotion individuelle, et la part plus grande faite à la psychologie. Il est un fugitif instant où cette reine, qui n'a pas de nom dans la pièce, mais que nous savons par l'Histoire se nommer Atossa, parle de manière solitaire sans que nul écho se fasse entendre pour partager sa joie maternelle. Ce ne sont que deux vers, mais ils rayonnent, au milieu de la souffrance générale, du bonheur de savoir son fils vivant[1] (v. 299-301) :

LE MESSAGER

Xerxès quant à lui est vivant, il voit le jour.

LA REINE

Pour ma maison, ce que tu dis, quelle lumière !
Quel jour radieux, jaillissant hors d'une nuit noire !

La multiplication du nombre des acteurs permettra une élaboration plus complexe des relations entre les person-

---

1. Certes, si l'on sait que deux autres au moins de ses fils participaient à l'expédition, on peut s'étonner de ce qu'elle n'ait de pensée que pour Xerxès : mais si Xerxès est mort, elle n'est plus la mère du roi, et sa condition devient misérable. Être reine est une fonction aussi bien dans la réalité de l'Empire perse que dans la fiction théâtrale.

nages, les contraignant à se définir davantage[1], ou bien, à l'inverse, favorisant l'émergence d'une parole sans répondant. Quant aux raisons pour lesquelles Xerxès ne rencontre pas sa mère, elles relèvent à la fois de la conception métaphysique et morale d'Eschyle, et de la technique théâtrale : il n'y a pas d'hiatus entre ces deux instances, mais figuration, au sens fort du mot, de l'une par l'autre.

LE LANGAGE LYRIQUE D'ESCHYLE

La langue d'Eschyle est réputée difficile chez les hellénistes : c'est la rançon de sa beauté. Elle offre, à travers une syntaxe abrupte, pleine de brachylogies et de juxtapositions surprenantes, une grande richesse verbale : mots rares, mots forgés qui exploitent la fabuleuse capacité du grec à accoler deux mots simples et courants pour en faire un mot neuf, dense (ainsi *kakomantis*, « prophète de malheur », v. 8), associations hardies (tel *pelanos aimatosphagès*, très exactement « la libation-faite-du-sang-de-l'égorgement », v. 816). On trouve aussi de brusques syllepses, comme *melagkhitôn phrôn*, « mon cœur voilé d'une tunique noire » (v. 115).

Dans la comédie d'Aristophane *Les Grenouilles*, le personnage d'Euripide, plus sophiste et moins poète dans sa manière, reproche à Eschyle[2] ses périphrases artificieuses. Mais en vérité c'est grâce à ce raffinement que les objets de la vie quotidienne se trouvent parés d'une *aura* poétique. Ainsi les périphrases qui désignent le vin, le miel et l'huile de la libation assurent-elles le passage dans le champ du sacré. De même que ces substances sont sanctifiées dans le rite, les mots qui les nomment forgent une langue à part, comme sacrée, elle aussi, tout en donnant une image sensible et en rendant hommage aux dieux auteurs de ces bienfaits.

Sans faire des images un inventaire exhaustif, on voudrait regarder de près les plus représentatives : celle du

---

1. C'est avec le troisième acteur que se développera, au sein d'une constellation triangulaire, une gamme plus diversifiée de relations. Entre deux personnages, il n'y a guère qu'alliance ou opposition.
2. Aristophane, *Les Grenouilles*, v. 838-839, 924-930, 940...

flot, celle du joug. Alors que l'épopée homérique développait complaisamment les comparaisons binaires (en dépit de leur fréquente dissymétrie), Eschyle favorise la métaphore, qui ne juxtapose plus deux univers mais les fond ensemble de manière fulgurante, pour assurer dans le même instant la figuration sensible et l'équation entre deux domaines du réel. Le flot (*kuma*[1]) sert d'abord de métaphore à la marche de l'armée perse (v. 87-90) : « Ce grand flot d'hommes, qui pourrait / l'endiguer ? » Curieusement, ce qui dans la tragédie fut d'abord image et sens figuré va recevoir par la suite son sens propre et passer dans le champ du réel, afin de désigner la victime de l'*hybris* de Xerxès, la mer maîtrisée par le joug (v. 108-114), puis l'objet de la convoitise conquérante des Perses, pour finir par être le lieu et l'agent même de leur perte, la mer où ils se sont noyés (v. 275-278) :

> *corps ballottés, corps engloutis,*
> *inertes dans leurs grands manteaux*
> *s'en vont à la dérive, au fil de l'eau !*

Après le récit du désastre, la métaphore réapparaît chargée de toute la force que lui a donnée l'accomplissement du sort : *kakôn pelagos* (v. 433), *kludôn kakôn* (v. 599), mer ou vague de maux qui déferle. Ce nom de *pelagos* d'ailleurs, qui signifie très exactement « le battement du flot », est en rapport étymologique avec la série des termes qui disent les coups[2] dont, par désespoir, on frappe sa poitrine (*peplègmétha*, v. 1007, répété au v. 1015). Ainsi l'image immense de la mer vient-elle lier au plan esthétique tous les niveaux de la tragédie, en désignant les Perses, leur faute (l'outrage à Poséidon), leur châtiment et le domaine ou le moyen même de la naissante suprématie maritime d'Athènes.

---

1. La racine indo-européenne **ku* est la source commune de mots qui désignent la propriété et la souveraineté – *kuros*, souverain, et le nom même de Cyrus –, et d'autre part de mots qui désignent l'existence et l'accroissement comme *kuma*, le gonflement des flots. C'est peut-être le génie secret du poète tragique que de retrouver et de conjoindre l'idée de la puissance humaine et de la puissance supérieure des forces élémentaires et divines de la nature.
2. *Cf. thalassoplèktos*, « battu par le ressac » (v. 307) et *plaga*, le coup qui meurtrit (v. 1053).

Mais le joug est la métaphore la plus fréquente dans la première moitié de la tragédie : successivement, « joug de servitude » qui menace la Grèce (v. 50), « comme un joug que l'on jette au collier de la mer » (v. 72), « le joug qui unit / les rivages des deux terres » (v. 131-132 ; *cf.* aussi v. 722 *&* 736), joug du mariage (v. 139), joug qui attelle les deux femmes dans le songe d'Atossa (v. 196), et que la Grèce va rompre ; enfin le voilà « délié, le joug de la force ! » (v. 594). Un même mot unit en les assimilant la faute contre le fleuve-dieu Bosphore (outrepasser la condition humaine) et la faute contre la Grèce (la vouloir réduire en esclavage). Faut-il souligner que les images, loin d'avoir une pure fonction ornementale, sont investies d'une fonction sémantique essentielle ? Eschyle n'ose l'affirmer explicitement, mais il délègue à ses métaphores le soin de le dire, par un détour qui forme syllogisme : si c'est un crime que de léser les dieux, si c'est un crime que de léser les Athéniens, les Athéniens ne sont-ils pas les vrais protégés des dieux ?

Quelquefois l'ironie tragique sourd de la succession des images, même lexicalisées – car elles sont au sein de la tragédie comme ranimées : ainsi le motif métaphorique du filet, du piège que tend « Até, cette enjôleuse » (v. 97), est requis plus loin pour décrire la vérité brutale de la capture des Perses tombés des navires, ramassés dans la nasse et éreintés « comme des thons, ou des poissons pris au filet » (v. 424). Si l'on songe que le seigneur perse, épris du passetemps aristocratique de la chasse, et parti en guerre pour chasser, forcer comme bête de proie[1] la ville d'Athènes, finira pêché comme poisson, alors il faut bien le dire : il n'est pas seulement un chasseur chassé, mais – opprobre pire encore, car la pêche est métier de petites gens – il est un chasseur pêché ! En outre, peut-être Eschyle, en favorisant cette métaphore, a-t-il encore présent à l'esprit le souvenir de la fameuse technique dite « du filet » à laquelle les Perses ont recours lorsqu'ils investissent une ville : les soldats, formant une longue chaîne en se donnant la main, tendent une sorte

---

1. C'est le sens précis du verbe *thèrân* (v. 233). Le goût de Xerxès pour la chasse paraît signalé au v. 755 : « il reste à se battre chez soi ».

de filet qui balaie tout le territoire de la ville envahie, et forcent les derniers réfugiés à se jeter dans ce piège humain.

Dans le jeu des images, il faut évoquer encore l'alternance des ombres et des lumières. Parmi les ténèbres – noirceur des Enfers, nuit d'attente à Salamine, cœur « voilé d'une tunique noire » du chœur, angoisse obscure –, quelques trouées de lumière : « lumière » (*phôs*) pour la reine, en particulier, la nouvelle que Xerxès est vivant... mais pour les Perses le soleil, leur dieu pourtant, peut être plus terrible encore que la nuit, quand les éclaire le jour de Salamine, ce « jour aux blêmes coursiers » (v. 386).

C'est enfin dans une triple métaphore, et non par une formule gnomique de sagesse, qu'est professée la leçon profonde de l'aventure perse, au cœur du discours de Darios (v. 821-822) :

> La présomption en fleurissant, donne un épi
> d'aveuglement, et l'été moissonne des larmes...

La métaphore, avec ses trois moments successifs, la fleur, l'épi et la moisson, signifie la faute et la souffrance liée à cette faute par la loi naturelle de la croissance ; mais elle livre en outre à l'imagination la cruelle pâture d'une image de paix, celle de la fertilité heureuse des blés de l'été – désormais perdue.

Traits de Sublime

« Cela est grand, en vérité, qui supporte un réexamen fréquent [...], et qui laisse un souvenir fort et difficile à effacer [1] » : la destinée de la pièce des *Perses*, une de celles qu'on estimait dignes d'être reprises à Athènes comme en Sicile, le prouve déjà.

L'interrogation de Longin sur la définition du Sublime – relève-t-il d'une nature ou se réduit-il à un problème de technique d'expression ? – est ici peu légitime, car à la majesté intrinsèque du sujet correspondent les moyens mis en œuvre ; nulle enflure, nulle passion hors de propos, qui aboutiraient à l'effet inverse. Ce que la reine appelle *hypsista kakôn*, « le comble du malheur » (v. 331),

---

1. Longin, *Du Sublime*, VII, 3 ; édition citée, p. 61.

relève bien de l'*hypsèlon*, du Sublime ; vont dans le même sens les images puissantes, que Longin dit les plus propres à produire « la grandeur d'expression et la véhémence ». Aux cinq rubriques énoncées par Longin – maîtrise dans les idées, passion créatrice, qualité de fabrication des figures, expression généreuse, composition digne et élevée –, Eschyle paraît satisfaire : quelques exemples le montreront.

Quelquefois, une simple antithèse atteint au sublime, qui met à la merci de l'infiniment petit ce qui avait paru être l'infiniment grand (v. 595-598) :

> *Et cette terre imbue de sang,*
> *l'île d'Ajax, battue des flots,*
> *retient ce que furent les Perses.*

Sublime aussi, cette manière de ramasser le drame entier et sa fureur dans ce raccourci, qui, faisant abstraction de la durée, produit un précipité de sens (v. 975-977) :

> *Tous ils l'ont vue, l'antique et détestable Athènes,*
> *et maintenant, les malheureux, frappés d'un coup,*
> *ha la la, pantelants, ils gisent sur ses grèves !*

Mais aucun procédé rhétorique n'est aussi puissant que cette manière qu'a Eschyle de donner un mot pour l'annuler tout aussitôt par son exact antonyme (formé avec le préfixe privatif). Ainsi, au v. 680, l'intraduisible *naes, anaes, anaes* : « vaisseaux, qui ne sont plus vaisseaux, qui ne sont plus... » Cette antithèse portée au comble de la simplification est le symbole le plus éloquent et le plus économe de l'anéantissement.

De tels effets de Sublime sont quelquefois plus sensibles qu'aisément repérables, tant l'art d'Eschyle, comme le prescrira Longin, a « caché la figure [...] par la lumière même », s'appliquant à ce que les figures, « mêlées en symmorie [*i.e.* en association], se prêtent les unes aux autres force, persuasion, beauté [1] ». Cependant Longin invite à ne pas confondre Pathétique et Sublime, « car des passions basses et qui n'ont rien à voir avec le sublime, il s'en trouve, comme lamentations, chagrins,

---

1. Longin, *Du Sublime*, XVII, 2, *&* XX, 1 ; édition citée, p. 87 *&* p. 89.

craintes[1] » : et l'on pourrait craindre qu'une tragédie si fort occupée de toutes sortes de déplorations se discrédite quelque peu par cet abus.

CRIS ET GÉMISSEMENTS

Le chœur se répand en cris jaillis de la douleur, encore codifiés – *oa, éè, oï, popoï, otototoï…* –, et le langage s'aventure souvent aux frontières de la pure onomatopée, comme les impératifs *iuzé*, « crie *iou* » (v. 1042), ou *boa*, « crie *oa* » (v. 1040). Leur tonalité n'est pas spécifiquement perse, mais orientale tout de même (témoins les allusions au thrène des Mariandyniens et au chant mysien, v. 937 & 1054). Les modes ionien, phrygien, lydien, propices à l'expression de la douleur, sont tous originaires de l'Asie ; ils sont peu appropriés, selon Platon, à une vie harmonieuse, et seul le mode dorien, le seul qui soit vraiment grec, par son caractère lumineux et martial, remplit cet idéal[2]. L'abondance outrée des plaintes dans *Les Perses* contraste avec leurs plus rares occurrences dans les autres tragédies, et doit donc répondre à une intention : sans doute dénoncer un excès, puisque nous y trouvons l'expression concrète, audible, de cet excès constamment reproché aux Perses.

Entre les purs cris et la réflexion lucide, entre ces deux formes polaires, quelque chose surgit qui fait, à force égale, sens et son. On y entend bien à la fois la plainte et ses phonèmes privilégiés, sans que soit pour autant oblitéré le contenu sémantique. Ainsi du chant plaintif du chœur (v. 256-257) :

ania, ania kaka néokota kai
dai aiai dianesthé, Persai

Chagrin, chagrin, malheurs nouveaux,
déchirants ! aï aï, pleurez, Perses…

---

1. Longin, *Du Sublime*, VIII, 2 ; édition citée, p. 63.
2. Platon, *Lachès*, 188c. Le mode dorien est un mode sévère et martial – et dans ce dialogue, c'est un soldat qui parle. Dans sa République, Platon admet le dorien et le phrygien (*République*, III, 398 *sq.*).

Le charme puissant qui se dégage des listes de guerriers et de leurs assonances en *-ès* ; les mots « en écho » (*antidoupa*) qui se répondent de l'antistrophe à la strophe, ou qui s'entrelacent dans les stichomythies, qui riment[1], montrent la parenté du texte tragique avec l'incantation. La référence à la magie est même explicite dans cette « hantise » dont parle Xerxès à la dernière scène (v. 988) ; l'on connaît par ailleurs l'usage du refrain comme outil des opérations magiques. La vocation presque hypnotique du chant devient perceptible à la fin de la tragédie où toute action, tout geste se confondent avec la lamentation et s'abolissent dans une pure profération performative.

C'est cependant au sein de quelques vocables savamment choisis qu'Eschyle place le « plus haut sens » et la charge émotionnelle la plus forte : ces jeux de mots tragiques, obéissant à une sorte de cratylisme[2] supérieur, donnent la véritable leçon de la tragédie. Ainsi, de manière frappante, c'est le nom même des Perses qui recèle une résonance tragique en ce qu'il comporte déjà, comme par destin, tissé avec le mot (*nomen omen*, dit le latin[3]), l'idée de l'anéantissement. Le nom de Persépolis est en paronomase avec *stratos perseptolis*, « l'armée dévastatrice » de Xerxès ; et surtout, le nom de *Persai*, les Perses – c'est le titre original de la pièce – est l'exact homonyme du verbe qui signifie détruire (à l'infinitif passé : *persai*, avoir détruit), et dont de multiples formes composées et conjuguées apparaissent tout au long de la pièce, comme pour en mieux renforcer l'unité. Ce rappel subtil et constant de la *perte des Perses* constituait un effet d'ironie tragique sans doute savoureux pour le public athénien.

---

1. Même si l'outil poétique de la rime n'existe pas encore, dans une poésie régie par l'alternance des longues et des brèves ; et que Gorgias, le sophiste, n'a pas encore loué l'efficace des mots *homéotéleutes*, c'est-à-dire qui se terminent sur les mêmes sonorités.
2. On se souvient que dans le dialogue de Platon intitulé *Cratyle*, la question débattue est celle de l'origine des noms, donnés par convention, ou en fonction de la nature même des choses. Cette dernière thèse est celle que soutient le personnage éponyme, et on la désigne par le terme de *cratylisme*.
3. *Nomen omen*, proverbe latin qui signifie « le nom est un présage ».

*
* *

Si les orateurs de la cité, dans la riche production d'oraisons funèbres que va connaître Athènes après le temps d'Eschyle, privilégient l'image d'une humanité qui se résume aux *andres,* les citoyens-soldats, et récusent la lamentation des thrènes comme non politique, plus propre selon eux à l'expression féminine de la douleur (dont il faut se décharger sur des pleureuses professionnelles), la tragédie peut s'appliquer à « rémunérer ce défaut ». Les Perses sont *andres* et *brotoi,* des hommes et des mortels (*cf.* v. 93-101) : condition qu'avec eux partagent les Grecs, et qui fait d'eux aussi bien de potentiels coupables d'erreurs que de potentielles victimes de malheurs. Dionysos, dans *Les Grenouilles* d'Aristophane[1], s'il dit prendre un vif plaisir au thrène du vieux Darios dans *Les Perses,* n'est pas assez vil pour se réjouir du malheur d'autrui : d'autant plus que lui-même est un dieu venu d'Orient, et que ses flûtes sont phrygiennes. Si la Grèce a vaincu l'Asie à la guerre, peut-être l'Asie a-t-elle vaincu la Grèce musicalement, et sur cette aire nouvelle qu'ouvre la scène théâtrale. Ni simple gémissement individuel, ni thrène officiel, d'essence religieuse, la tragédie, en faisant passer la souffrance dans le champ esthétique, défini comme spectacle et écoute, lui donne une dimension universaliste : *sunt lacrimae rerum,* selon la formule virgilienne[2], et c'est peut-être là le secret de la *catharsis.* Dans notre tragédie, Eschyle rejoint la belle méditation lyrique de son contemporain Pindare sur le renversement des fortunes :

... En peu de temps, elle croît
la joie des mortels ; aussi vite tombe à terre,
par une volonté changeante, abattue.
Êtres d'un jour ! qu'est-on, que n'est-on pas ?
Rêve d'une ombre, voilà l'homme[3]...

---

1. Aristophane, *Les Grenouilles,* v. 1028-1029 : « Le plaisir que j'ai pris, quand tu t'es lamenté sur le feu roi Darios, / et qu'aussitôt le chœur en tapant dans ses mains s'est écrié youhou [*iauoî*] ! »
2. Virgile, *L'Énéide,* I, v. 462 : « Ce sont larmes sur le monde, et elles touchent à l'âme les mortels. »
3. Pindare, *Pythiques,* VIII, v. 135-136.

Ainsi la tragédie eschyléenne, qui répugne à la réduction politique comme à la réduction historique, propose-t-elle un tempérament des émotions où deuil excessif du vaincu et joie indécente du vainqueur sont également proscrits : le deuil excessif comme étranger à l'âme grecque, la joie indécente comme péché de naïveté et de superbe qui expose à la *Némésis*, la vengeance divine. Cette tension constitue une manière de régulation des affects chez des spectateurs incités chacun à être soi-même, certes, mais aussi, un peu, l'autre.

Danielle Sonnier.

QUELQUES MOTS SUR LA TRADUCTION

Traduire *Les Perses*, quelle idée ?

Hors même le désir que nous pouvions avoir, à titre personnel, de rencontrer au plus près cette pièce extraordinaire – jusqu'à nouvel ordre, la plus ancienne des tragédies grecques qui ait été conservée –, il nous a semblé qu'il restait place encore en français pour une version tentant de rendre autant que possible la puissance poétique du langage d'Eschyle, dans sa simplicité comme dans ses audaces ; et la densité de ce langage, son allure, ses rythmes.

La nature de l'œuvre, en effet, la ténuité de son action – nul conflit ; il ne s'agit que d'annoncer un désastre qui s'est déjà produit, et d'en exposer les effets –, l'extrême beauté de sa matière verbale, en font une tragédie essentiellement *poétique*, tissée de récits et de déplorations : une œuvre dramatique paradoxale, presque continûment tendue vers les registres épique et élégiaque. Peut-on vraiment rendre en prose l'évocation de la bataille de Salamine par le messager, les grands chœurs d'inquiétude ou de lamentation ? Le récit du songe d'Atossa, ou les solennelles prises de parole de Darios, un instant revenu des Enfers ? Nous avons eu le sentiment que non, et qu'il fallait retrouver en français le resserrement et la vigueur de l'expression qui fondent le Sublime des images, et aussi bien les contrastes rythmiques qui dessinent, dans l'original, les grands moments de la pièce ; et que seule une traduction *rythmée* le permettait.

À partir de là, il y avait bien des façons d'envisager en principe une traduction rythmée : par exemple en tentant de transposer dans notre langue les mètres grecs, comme s'y essayent, selon des modalités différentes, Jean-Paul Savignac ou Philippe Brunet[1]. Simple question de tempéra-

---

1. Voir par exemple, de Jean-Paul Savignac, les *Œuvres poétiques complètes* de Pindare, La Découverte, 1990, ou une toute récente traduction du *Prométhée enchaîné* attribué à Eschyle, Belin, 2000 ; et, de Philippe Brunet, les *Poèmes et fragments* de Sappho, Lausanne, L'Âge d'homme, 1991, ou la *Batrachomyomachie* d'Homère, Allia, 1999.

ment, nous nous sommes sentis plus à l'aise dans le système des mètres français classiques, facilement identifiables par le lecteur – quoique ici assouplis par des enjambements nombreux, césurés avec souplesse, et excédant quelquefois les mesures habituelles. L'alexandrin, avec sa résonance épique, a paru convenir à merveille aux récits des batailles et du périple perse ; des vers plus brefs auront permis, espérons-le, de faire sentir la scansion plus forte des parties chorales. Il n'était guère difficile, ici et là, de forger des mètres composés plus amples pour rendre la solennité des discours d'Atossa ou de Darios... Du point de vue du registre linguistique, nous avons évité d'abuser du style « poétique », ou de l'idée que l'on s'en fait. Contrairement aux reproches d'obscurité qu'Aristophane peut adresser malicieusement à Eschyle dans *Les Grenouilles*, la langue des *Perses*, malgré sa difficulté, paraît surtout viser une certaine simplicité : simplicité du lexique en tout cas, dans le retour obsédant, tout au long de la pièce, de quelques mots très simples. Cette simplicité, jointe à la fulgurante efficace de la syntaxe, est la clef des traits de Sublime qui confèrent à la pièce une vigueur que le passage des siècles n'a pas altérée. Nous nous sommes attachés à rendre en français de façon simple, cohérente et uniforme le lexique eschyléen, en usant d'une syntaxe aussi vive que possible ; et même à reproduire, autant qu'il se pouvait, le mouvement des vers grecs, la succession des mots et des images – sans verser pour autant dans une pseudo-littéralité qui n'aurait pas été de mise pour un texte dramatique. On verra bien quelles solutions nous avons retenues, pour quels effets, et avec quels succès : on ne justifie pas *in abstracto* tel ou tel parti de traduction, c'est au texte de se défendre lui-même. S'il fallait revendiquer des modèles, nous pourrions citer ceux, hors d'atteinte, que proposent les admirables versions de l'*Odyssée* par Philippe Jaccottet, de *Philoctète* par Yannis Kokkos & Pierre Leyris[1].

---

1. Homère, *L'Odyssée*, traduction de Philippe Jaccottet, Club Français du Livre, coll. « Portiques », 1955 ; Sophocle, *Philoctète*, traduit par Yannis Kokkos & Pierre Leyris, dans la revue *Po&sie* n° 17 (1981), et aux éditions Le Temps qu'il fait, 1997.

Il faut dire un mot du texte grec sur lequel s'est fondée cette traduction. Comme le rappelle la Présentation, les œuvres d'Eschyle parvenues jusqu'à nous donnent à lire des textes assez sérieusement altérés, qui font l'objet d'un nombre important de variantes entre les manuscrits – tardifs – dont on dispose. À ces incertitudes originelles se sont superposées les conjectures, multiples et souvent contradictoires, des philologues – depuis les scholies des copistes anciens et des grammairiens byzantins, jusqu'aux savantes reconstructions des érudits des XIXe et XXe siècles. Nous avons disposé au cours de notre travail de la plupart des éditions critiques modernes des *Perses*[1], et des principaux recueils de commentaires philologiques consacrés à l'œuvre. À partir de cet ensemble très riche de matériaux[2], nous avons mesuré les divergences de texte ou d'interprétation, pesé chacune des options – et choisi au fur et à mesure que s'élaborait notre version française ; la cohérence discursive et esthétique que nous percevions dans l'original, et que nous tâchions de rendre, nous a souvent guidés tout autant que les considérations érudites. Sans doute avons-nous œuvré en logophiles, davantage qu'en philologues ; du moins avons-nous essayé de maintenir autant qu'il était possible les leçons du plus fiable des manuscrits anciens (Laurentianus 32, 9, dit aussi Mediceus), en n'adoptant une correction ou un amendement qu'après mûre réflexion. Traduire force toujours à trancher ; mais les notes sont là pour justifier quelques choix, soulever quelques points délicats, proposer quelques variantes. Sans doute faut-il préciser ici que les choix éditoriaux et interprétatifs sont du fait de Danielle Sonnier, cependant que le signataire de ces lignes s'est concentré sur l'élaboration d'un texte français ensuite longuement repris et mûri en commun.

La numérotation des vers recoupe celle, traditionnelle, du texte grec. On notera cependant quelques incohérences dans les chœurs, liées au fait que les éditions proposent des

---

1. Elles sont inventoriées, par ordre chronologique, dans la Bibliographie, p. 249-250.
2. Disons, en particulier, notre dette envers l'édition minutieusement commentée de H.D. Broadhead, *The Persæ of Æschylus*, Cambridge, Cambridge University Press, 1960 ; cet ouvrage, qui fait le point sur l'ensemble des discussions philologiques qu'a pu susciter le détail du texte, et sur les problèmes d'interprétation des passages les plus délicats, demeure un instrument de travail remarquable, et irremplaçable.

solutions très disparates pour identifier le schéma prosodique de telle ou telle strophe. Les numéros de vers ne coïncident plus très exactement, alors, avec le nombre de lignes effectivement découpées dans le texte : une strophe dans laquelle un éditeur isolait cinq vers, un autre la disposera sur trois seulement... Mais ces petites aberrations ne sont qu'occasionnelles, et de peu de conséquence.

Peut-être est-il nécessaire de préciser quelques points de détail touchant en particulier à la transposition de certains termes grecs. Les traductions antérieures effaçaient le plus souvent les nombreuses références au *daimôn* qui jalonnent la pièce : rendant ce terme de manière assez neutre, et qui plus est fluctuante selon les occurrences (*sort, divinité, mauvais génie*). Il nous a semblé essentiel, au contraire, de bien marquer la cohérence de toutes ces allusions aux puissances intermédiaires entre les dieux et les hommes. Nous avons cependant écarté le français *démon*, un peu trop marqué par ses connotations chrétiennes, et choisi d'intégrer dans le texte la forme *daïmon*, qui fait davantage entendre le terme grec sans en être une transcription littérale. De même, la personnification de l'Erreur, que l'on transcrit exactement *Atè*, est-elle nommée *Até* : Ronsard déjà l'avait baptisée ainsi, et Agrippa d'Aubigné au livre III des *Tragiques* (« Ubris fille d'Até »). Enfin, nous avons gardé au vieux roi père de Xerxès le nom hellénisé que lui donne Eschyle, *Darios* ; réservant *Darius*, la forme traditionnelle, pour évoquer, dans les notes, la Présentation ou le Dossier, la figure historique de ce roi, et la distinguer ainsi du personnage qu'imagine Eschyle.

Reste à évoquer la question la plus délicate : celle de la *tonalité* de cette traduction, évidemment liée à notre perception esthétique de l'œuvre[1]. Au fil de notre travail, nous avons eu l'intuition que cette tragédie est plus *mêlée* qu'on ne le dit ; et qu'après la montée de l'inquiétude du chœur et de la reine, après l'envolée épique des récits du messager, après le grand moment hiératique et majestueux de l'apparition de Darios, véritable *acmé* de l'émotion, le retour d'un Xerxès haillonneux et défait, exhibant piteusement son car-

---

1. Pour la compréhension esthétique et dramaturgique des *Perses*, nous sommes redevables aux analyses et aux rapprochements éclairants suggérés par Mae J. Smethurst, *The Artistry of Æschylus and Zeami. A Comparative Study of Greek Tragedy and Nô*, Princeton, Princeton University Press, 1989.

quois vide, vient colorer la pièce d'une nuance ridicule, satirique même. On ne doit pas oublier la singularité de cette pièce *d'actualité*, qui présentait aux Athéniens la figure pitoyable de leur ennemi de la veille, créant sans doute chez eux quelque jubilation – à côté de la crainte et de la compassion attachées à un genre qui, alors, n'était pas encore strictement codifié... Nous avons découvert que cette lecture de la conclusion ambiguë de l'œuvre avait été celle de Charles Blomfield, au début du XIXe siècle. La distance presque satirique d'Eschyle vis-à-vis de certains traits que l'on pourrait juger pathétiques au premier degré nous a paru particulièrement sensible dans les déplorations du chœur, avec leurs outrances : spécialement ces onomatopées – *aï aï, oï, otototoï, popoï, iô iô, êé êé...* –, qui scandent toutes les plaintes, et qui sont bien moins fréquentes dans ses autres tragédies. Sans doute ironisent-elles sur le tempérament geignard prêté à l'ennemi oriental : même dans l'expression de la douleur, il ne se départit pas de ce penchant à l'excès (cris, vêtements déchirés) qui, sur un autre plan, lui a été fatal... C'est pourquoi nous les avons rendues en français par des interjections du même ordre – *Hou la, Ha la la, Ho la la la...* – plutôt que par autant de « *Hélas* de poche » un peu trop solennels. Au reste, c'est une manière de mieux faire ressortir, par contraste, le pathétique véritable et la gravité des passages les plus nobles, comme le récit du messager ou l'évocation de Darios.

Le lecteur perspicace, enfin, n'aura pas manqué de noter l'originalité de la disposition du texte et des notes, dans cette édition des *Perses*, par rapport aux usages de la collection : le texte seul en belle page, les notes en regard. Les éclaircissements savants seront certes utiles (et même agréables, on l'espère) à qui voudra *étudier* la pièce d'Eschyle ; mais à qui voudrait simplement la *lire*, pour en éprouver l'immédiate puissance d'évocation et d'émotion, ils seront rarement indispensables. Nous avons donc estimé avantageux de présenter un texte *suivi*, sans l'entraver d'abord d'érudition, pour offrir la possibilité de cette lecture cursive : puisque la traduction, aussi bien, voudrait donner une idée du mouvement poétique de l'œuvre, en retrouvant par le rythme quelque chose de son souffle – c'est-à-dire de sa vie ou de son âme.

B.D.

NOTE SUR LA MÉTRIQUE

La poésie grecque ancienne repose sur la quantité des syllabes, qui sont brèves ou longues (une syllabe longue a une durée égale à la durée de deux syllabes brèves). Il y a dans un vers un nombre fixe de *pieds*, composés chacun d'une séquence identique de syllabes brèves (∪) ou longues(—). Les pieds (ou mètres) les plus fréquents sont l'iambe ∪ —, le trochée — ∪, le dactyle — ∪ ∪, l'anapeste ∪ ∪ —.

On appelle *mètre* également le système de pieds dont se compose chaque espèce de vers. Les différents mètres correspondent à des tonalités différentes, adaptées aux circonstances : chant martial, déploration, danse animée, par exemple.

La tragédie antique joue sur l'alternance de parties parlées et de parties chantées ; on y trouve également des parties dites de récitatif (psalmodiées).

Les *parties parlées* sont assumées par les acteurs et le coryphée. Elles sont en dialecte ionien-attique et ont pour mètre favori le *trimètre iambique*, composé de six iambes, qui se scande commme suit :
∪ — ∪ — / ∪ — ∪ — / ∪ — ∪ —

Selon Aristote, « le mètre iambique est en effet de tous celui qui convient le mieux aux échanges parlés » (*Poétique*, 1449a). Dans *Les Perses*, on le trouve aux v. 176-214 (récit des visions de la reine), 249-255, 260-261, 266-267, 272-273, 278-279, 284-285 (premières interventions du messager), 290-301 (interrogations de la reine), 302-531 (les récits du messager, entrecoupés des commentaires plaintifs de la reine), 598-622 (annonce, par la reine, de ses offrandes et de ses libations), 681-693 (apparition de Darios), 759-851 (échange entre Darios et le chœur). Dans notre traduction, ces passages, souvent de tonalité épique, ont été rendus essentiellement en alexandrins, qu'on n'a pas cherché à césurer régulièrement pour éviter une tonalité trop « néoclassique » ; ils se hissent même, à l'occasion, jusqu'à quatorze syllabes, suivant l'exemple donné par Philippe Jaccottet dans sa traduction de l'*Odyssée*.

Toujours dans les parties parlées, quand le ton doit se faire plus solennel, voire quelque peu archaïque, Eschyle a recours à un mètre plus ample : le *tétramètre trochaïque* – qu'on pourrait décomposer en un groupe — ∪ — suivi d'un trimètre iambique. On trouve ces vers, dans notre pièce, aux v. 155-175 (salutations du chœur à la reine, et inquiétude de celle-ci), 215-248 (dialogue inquiet, et inquisiteur, entre la reine et le chœur), 697-699 *&* 703-758 (échange entre Atossa et Darios). Nous avons forgé, pour rendre en français ces mètres majestueux, des vers de seize syllabes, qui se sont révélés très plastiques (8/8, 4/6/6, 6/6/4, 6/4/6...).

Le *récitatif psalmodié*, accompagnant la marche du chœur, lors de la *parodos* (entrée) et de l'*exodos* (sortie), se développe souvent en série d'*anapestes* (∪∪ —), rythme bien marqué qui soutient le mouvement. Les anapestes sont aussi utilisés dans les parties de transition entre chant et dialogue, confiées le plus souvent au coryphée. On les trouve dans notre pièce aux v. 1-64 (entrée du chœur), 140-154 (accueil de la reine), 532-547 (lamentation du coryphée après le récit du messager et le départ de la reine), 623-632 (intervention du coryphée préalable à l'évocation de Darios), 909-930 (entrée de Xerxès). Pour les rendre avec souplesse, nous avons recouru aux vers mêlés (alexandrins, décasyllabes, octosyllabes).

Les *parties chantées* sont exécutées par le chœur et accompagnées par l'*aulos* (la flûte). Elles sont en dorien, dialecte ancien devenu dialecte littéraire, qui se différencie de l'ionien par un vocalisme abondant en sons *â* (correspondant à certains *ô* ou *è* de l'ionien). Les mètres des parties chantées sont très divers et complexes. Ces parties se composent de séquences comportant une *strophe* et une *antistrophe* (symétriques sur le plan métrique, parfois même syntaxique), suivies d'une *épode*. Le chœur danse lentement en allant d'un côté pendant la strophe, en allant de l'autre côté pendant l'antistrophe. Il reste immobile pendant l'épode. Il n'est pas possible, ni même utile en ces pages, de donner le détail de la variété métrique des passages choraux. Inventorions seulement ces grands chœurs : v. 65-139 (incertitude et inquiétude des conseillers quant au sort de l'armée), 256-259, 262-265, 268-271, 274-277, 280-283 (plaintes en réponse aux nouvelles du messager), 548-597 (lamentation sur la perte de la flotte et l'affaiblissement de l'Empire perse), 633-680 (évocation de Darios et éloge du vieux roi),

694-696 & 700-702 (crainte sacrée des conseillers à l'apparition de Darios), 852-907 (regrets du grand règne de Darios), 922-1077 (le *kommos*, du verbe *kopto*, se frapper la poitrine : grande déploration amœbée – à laquelle Xerxès participe en alternance avec le chœur – souvent dans des échanges en *stichomythie*, où les personnages se répondent vers à vers – *stikhos* signifie vers). Nous avons rendu ces chœurs en français avec la même variété métrique, sans nous astreindre à de strictes correspondances, en recourant essentiellement à des mètres brefs (octosyllabes, heptasyllabes...), et en conservant autant que possible la symétrie prosodique entre strophe et antistrophe.

Vie anonyme d'Eschyle

Dans les pages qui suivent, nous proposons la traduction de textes que nous a transmis la tradition : une *Vie* anonyme d'Eschyle (augmentée, en annexe, de quelques éléments biographiques épars), ainsi que l'*Argument* de la pièce composé par un scholiaste anonyme. Ces deux textes figurent dans le manuscrit Mediceus, notre source la plus fiable pour les œuvres du dramaturge. Les deux documents, composés par des érudits à des époques sans doute très tardives, sont donc sujets à caution : ils sont déjà bien éloignés du temps d'Eschyle. Mais d'un autre côté, ce sont pour l'essentiel des compilations de données plus anciennes, dont la plupart ont depuis disparu : ils constituent dès lors notre seul accès, si indirect soit-il, à ces sources historiques et biographiques. Ajoutons qu'ils sont semés de commentaires littéraires non dénués de valeur. Autant de raisons pour ne pas se priver, par purisme philologique, de ces textes précieux, qui par ailleurs, avec leur pittoresque cortège de légendes, ont accompagné la transmission du texte d'Eschyle chez les érudits médiévaux, les humanistes, et les écrivains de l'âge classique.

VIE ANONYME D'ESCHYLE

Eschyle le tragique est un Athénien du dème d'Éleusis, fils d'Euphorion, frère de Cynégire, de naissance eupatride[1]. Il commença dès sa jeunesse à écrire des tragédies, et surpassa de beaucoup ses prédécesseurs sur le plan de la composition[2], du dispositif scénique, de l'éclat de la chorégie[3], du costume des acteurs et aussi de la noblesse du chœur – comme le dit Aristophane :

> Hé bien, O toi qui, le premier d'entre les Grecs, as édifié des discours solennels, et embelli le tragique babil[4]...

Il était contemporain de Pindare[5], né la même olympiade[6]. Ce fut un brave : il participa, ce dit-on, à la bataille de Marathon avec son frère Cynégire, à la bataille navale de Salamine avec le plus jeune de ses frères, Ameinias, et au combat terrestre de Platée. Sur le

---

1. Les *eupatrides* sont les grandes familles aristocratiques d'Athènes.
2. *Composition* traduit ici *poièsis*, que l'on pourrait aussi comprendre au sens plus général de poésie dramatique ; mais dans l'énumération du biographe, le mot semble investi d'un sens plus technique. *Cf.* les emplois du verbe *poiein* au sens de composer, agencer, dans la *Poétique* d'Aristote.
3. La *chorégie* est la prise en charge, par un citoyen riche, de tous les frais afférents aux représentations dramatiques. Ici, par métonymie, le terme évoque le faste de la mise en scène et des représentations.
4. Aristophane, *Les Grenouilles*, v. 1004-1005.
5. Poète lyrique, auteur d'hymnes religieux et de chants de victoire pour les vainqueurs des Jeux (odes olympiques, pythiques, néméennes, isthmiques). On hésite sur les dates exactes de sa naissance (521 ou 518 avant notre ère) et de sa mort (441 ou 438).
6. L'*olympiade*, période de quatre ans entre chaque célébration des Jeux olympiques, est la division du temps chez les Grecs. Elle fut instaurée au IVe siècle seulement, ce qui explique les incertitudes de datation pour l'époque antérieure. On place la fin de la première olympiade en 781 avant notre ère. La bataille de Salamine eut donc lieu la première année de la 75e olympiade.

plan de la composition poétique, son goût va au style puissant : il se plaît à forger des mots, à user d'épithètes, de métaphores, et de tous les moyens qui ajoutent de la solennité à l'expression. L'agencement de ses pièces ne comporte pas beaucoup de péripéties et de nœuds dramatiques, comme il y en a chez les modernes ; il vise seulement à conférer de la gravité aux personnages, jugeant cette élévation héroïque primordiale, et pensant que la subtilité, la joliesse et les formules recherchées sont étrangères à la tragédie : aussi la comédie d'Aristophane le raille-t-elle de charger d'une gravité excessive ses personnages. Il en est ainsi dans *Niobé*[1] : effondrée près du tombeau de ses enfants jusqu'au troisième acte, Niobé observe un silence complet, tout enveloppée dans ses voiles. Dans *La Rançon d'Hector*, Achille, pareillement voilé, ne dit mot, hors quelques répliques échangées, au début, avec Hermès. Ainsi l'on pourrait trouver chez lui maints passages de facture remarquable, mais de belles formules, traits de compassion, ou tout autre effet propre à mettre en larmes, au contraire, fort peu. Car il se sert du spectacle et des paroles plus pour frapper l'esprit d'une merveilleuse terreur que pour faire illusion.

Il se rendit chez Hiéron[2], selon certains, après avoir perdu son crédit auprès des Athéniens, vaincu par le jeune Sophocle[3] ; selon d'autres, vaincu par Simonide[4] pour l'élégie sur les morts de Marathon – l'élégie en effet exige que l'on manie délicatement la compassion, ce qui est étranger à Eschyle, comme nous disions ; certains enfin affirment qu'au moment de l'apparition des Euménides[5], faisant surgir le chœur de toutes parts, il produisit une terreur si violente sur le peuple que des enfants mou-

---

1. *Niobé*, tragédie perdue d'Eschyle dont il ne reste que des fragments. Le personnage de Niobé subit la vengeance de Léto pour s'être vantée du grand nombre de ses enfants. *La Rançon d'Hector* est une autre tragédie perdue.
2. Tyran de Syracuse, qui gouverna de 478 à 467.
3. Le second grand poète tragique ; il vécut de 495 à 405.
4. Poète lyrique (556-467) – le premier à s'être fait *payer* pour sa poésie !
5. Les *Euménides* sont les Érinyes, déesses de la vengeance, appelées ainsi par antiphrase (Euménides signifie « les Bienveillantes »). Le biographe fait ici allusion à la tragédie *Les Euménides*, la troisième de la seule trilogie d'Eschyle qui nous soit parvenue intacte, *L'Orestie*.

rurent de peur et que des femmes firent des fausses couches. S'étant rendu en Sicile, lors de la fondation par Hiéron de la ville d'Etna il donna la pièce appelée *Les Etnéennes*[1] où il prophétisait une vie prospère aux habitants de la cité. Comblé d'honneurs par le tyran Hiéron et par les gens de Géla, il vécut là encore deux ans et, vieux déjà, mourut de la façon suivante. Un aigle qui s'était emparé d'une tortue ne parvenait pas à dépecer sa proie. Il la précipite sur des rochers pour briser sa carapace : mais elle tombe sur le poète et le tue. Il avait justement reçu tel présage : « Un trait venu du ciel te tuera. » Quand il fut mort, les gens de Géla l'ensevelirent dans un tombeau richement construit aux dépens de la cité et l'honorèrent solennellement de cette inscription :

ESCHYLE, FILS D'EUPHORION, ATHÉNIEN · CE MONUMENT
DE GÉLA PORTE-BLÉ COUVRE SON CORPS DÉFUNT ·
LA PLAINE MARATHON CONTERAIT SA VAILLANCE ILLUSTRE
COMME LE MÈDE AUX LOURDS CHEVEUX QUI LA CONNAIT TROP BIEN

Les gens qui venaient visiter le monument offraient des sacrifices à tous les personnages à qui il avait donné vie dans ses tragédies, et interprétaient ses pièces. Les Athéniens aimèrent tant Eschyle qu'après sa mort, on vota un décret pour octroyer un chœur à tout homme désireux de faire représenter ses pièces. Il vécut soixante-huit ans, au cours desquels il écrivit soixante-dix pièces et, en outre, quelque cinq drames satyriques. Il remporta treize fois la victoire ; et après sa mort, il en remporta bien d'autres encore.

Eschyle est le premier à avoir relevé la tragédie par de plus généreuses passions, à avoir orné la scène et frappé de terreur la vue des spectateurs par tant d'éclat, par les peintures et les machines, les autels et les tombeaux, les trompettes, les apparitions, les Érinyes ; il avait doté les acteurs de longues manches à la mode perse, et leur avait donné de la prestance, grâce aux robes à traîne, et grâce à des cothurnes plus hauts, une taille plus élancée. Il prit pour premier acteur Kléandros, puis il lui en adjoignit un second, Mynniskos de Chalcis. C'est Sophocle qui inventa le troisième acteur, selon Dicéarque de Messène.

---

1. *Les Etnéennes*, autre tragédie perdue dont subsistent des fragments.

Songerait-on à la simplicité de ses intrigues, par comparaison avec ses successeurs, on les trouverait bien ténues et pauvres d'action ; mais en comparaison de ses prédécesseurs, on admirerait le poète pour sa réflexion et son invention. Celui qui trouve Sophocle poète plus accompli, sans doute il a raison ; mais il lui faut considérer ceci : il était beaucoup plus difficile de hausser la tragédie à cette qualité après Thespis, Phrynikhos et Khoerilos [1] que, venant après Eschyle, de parvenir à la perfection de Sophocle !

Sur son tombeau est inscrit :

> FRAPPÉ EN PLEINE TÊTE DEPUIS LES SERRES D'UN AIGLE,
> JE SUIS MORT

On dit que l'estime de Hiéron lui valut de donner une reprise des *Perses* en Sicile et qu'il obtint un succès extrême.

FRAGMENT TIRÉ DE LA *SOUDA* [2]

Eschyle, Athénien, poète tragique. Fils d'Euphorion, frère d'Ameinias et de Cynégire, qui s'illustrèrent à ses côtés à Marathon. Il eut deux fils, également poètes tragiques, Euphorion et Euaion. Il concourut lors de la 70ᵉ olympiade, à l'âge de vingt-quatre ans. Il eut le premier l'idée de mettre des masques effrayants, enduits de couleurs, aux acteurs de tragédie, et de leur faire porter des brodequins à semelle épaisse, qu'on appelle cothurnes. Il écrivit des élégies et quatre-vingt-dix tragédies, triompha vingt-huit fois, d'autres disent treize. Il se réfugia en Sicile où, à cause de la chute des tréteaux sur lesquels il se produisait, une tortue que supportait un

---

1. Thespis, Phrynikhos et Khoerilos sont les tout premiers auteurs de tragédies.
2. La *Souda* est une encyclopédie compilée par des érudits byzantins au xᵉ siècle ; on y a longtemps fait référence comme à l'ouvrage d'un auteur imaginaire, Suidas.

aigle étant tombée sur sa tête[1], il mourut à l'âge de soixante-huit ans.

Sur le marbre de Paros

La bataille de Marathon eut lieu [...] sous l'archontat de Phainippides [...] le poète Eschyle participa à cette bataille, âgé de trente-cinq ans.
Le poète Eschyle triompha pour la première fois au concours de tragédie, et Euripide naquit [...] sous l'archontat de Philokratès.
Le poète Eschyle, âgé de soixante-neuf ans, mourut à Géla, en Sicile, sous l'archontat de Kallias l'Ancien.

Extrait d'une Histoire de la musique [2]

Eschyle est jugé le meilleur pour la tragédie parce qu'il porte sur la scène des personnages puissants et dignes. Certaines de ses tragédies se passent entre les dieux, comme les *Prométhée* ; en effet les dieux les plus anciens sont légion dans ses pièces, et tous les personnages divins évoluent sur la scène et sur l'*orkhestra*[3].

---

1. Apparemment, les compilateurs de la *Souda* se sont livrés à une rationalisation de la légende entourant la mort d'Eschyle, en jouant sur des ambiguïtés lexicales : en effet, *Aetos* signifie à la fois *aigle* et *fronton triangulaire* de temple, *khélonè* à la fois *tortue* et *pièce de construction* arrondie. À moins qu'on ne tienne vraiment là la version authentique de cette histoire : un simple accident – une chute malencontreuse d'éléments d'architecture, peut-être l'effondrement d'un décor sur une scène, à Géla – ayant ensuite été crypté sous forme sibylline et oraculaire.
2. Selon les érudits, cet extrait, copié dans le manuscrit Mediceus, proviendrait d'une *Histoire de la musique* de Denys d'Halicarnasse le Jeune.
3. Dans le théâtre d'Eschyle, en effet, les personnages divins sont sur la scène et l'*orkhestra*, où ils se mêlent aux personnages humains ; ils ne sont pas encore confinés sur le *théologéion*, cette plate-forme surélevée que l'on inventera par la suite pour mettre en scène les apparitions divines.

Parmi ses pièces, certaines se développent sous forme de récit ou de narration, et non sous forme d'action ou de représentation [1] ; d'autres développent les deux à la fois ; certaines l'action seulement. Car les personnages agissent et parlent à la fois, ce sont eux qui détiennent l'autorité. Aussi, pour cette raison, les titres des pièces précèdent le nom du poète : *Niobé* d'Eschyle, alors qu'on dit : d'Homère, l'*Iliade*. En effet sa personne s'efface derrière ses créations.

---

1. Nous explicitons quelque peu le texte original, qui parle de pièces « de type *narratif* et *récitatif*, non pas *dramatiques* ni *mimétiques* ». Cette définition, on le voit, s'applique tout à fait aux *Perses*.

Les Perses

Argument [composé par un scholiaste]

Glaucos, dans ce qu'il a écrit sur les intrigues [*mythoi*] d'Eschyle, dit que ses *Perses* sont une variation sur *Les Phéniciennes* de Phrynikhos ; il lui reprend même le début de sa pièce, savoir :

Voici, d'entre les Perses, qui ont disparu...

À ceci près qu'ici, c'est un eunuque qui annonce, d'entrée, le désastre de Xerxès, tout en drapant de brocart les sièges du collège des conseillers ; et là, c'est le chœur des vieillards qui vient réciter le prologue.

Parmi les vers du chœur, une part forme la *parodos* – lorsque le chœur dit pour quelle raison il se trouve là, comme dans *J'ai quitté les flots agités de Tyr...* [Euripide, *Les Phéniciennes*, v. 202] ; une autre part les *stasima* – lorsque le chœur se tient immobile, et ouvre les déplorations de la pièce ; une autre enfin, le *kommos* – soit le reste, qui consiste en un *thrène* [un chant de deuil].

La scène de la pièce est auprès du tombeau de Darios [à Suse, devant le palais des rois de Perse, en 480 avant notre ère]. L'argument est tel : Xerxès, après avoir fait expédition en Grèce, avec des forces immenses, conduisant d'innombrables chevaux, et mille deux cent sept navires, vaincu sur terre à Platée et sur mer à Salamine, fuyant à travers la Thessalie, est parvenu jusqu'en Asie.

Sous l'archontat de Ménon [en 473-472 avant notre ère], le poète tragique Eschyle a triomphé avec *Phinée*, *Les Perses*, *Glaukos de Potnies*, *Prométhée* – représentation où Périclès de Cholarges était chorège, dirigée par Eschyle lui-même.

Personnages

Le chœur des vieillards
Atossa [*la reine, veuve de Darios, mère de Xerxès*]
Le messager
L'ombre de Darios
Xerxès

1. *Leur grand âge* : *presbeia*, qui peut signifier également la dignité liée à l'âge.
2. *Il languit après le jeune héros* : ici le sens du texte, et sa lettre même, sont très contestés. Le grec dit simplement *néon*, le jeune homme, qui peut signifier soit l'ensemble des jeunes gens partis au combat, soit un messager, soit le jeune roi Xerxès (leçon retenue dans la traduction). Mais le verbe *bauzei*, que nous rendons ici par *languir après*, et qui signifie littéralement *aboyer vers*, a suggéré de tout autres interprétations pour cette phrase.
3. *Suse* et *Ecbatane* sont les deux résidences principales de la cour des rois de Perse ; Suse, à l'est de Babylone, est la capitale d'hiver, et Ecbatane, en Médie, au sud de la mer Caspienne, est la capitale d'été.
4. La *Kissie* est un territoire au cœur de l'Empire perse, qui s'étend entre Suse et Babylone.
5. Le Coryphée dresse ici une sorte de catalogue des troupes perses – un peu comme s'il les passait en revue en imagination. De tous les noms propres qui suivent, certains sont attestés historiquement (en particulier dans l'*Histoire* d'Hérodote). D'autres, inconnus au bataillon, semblent avoir été inventés par le dramaturge pour faire nombre, essentiellement par dérivation de noms de peuples (*Mardôn*, qui évoque les Mardes, v. 51). Cette revue suit un ordre bien précis, fondé sur la précellence : d'abord les chefs, qui appartiennent à la race dirigeante, et pour la plupart à la dynastie achéménide (v. 21-32) ; ensuite, les vassaux, peuples soumis – Égyptiens (v. 33-40), Lydiens (v. 41-51), Mysiens (v. 52), Babyloniens (v. 53). On a pu noter l'absence des Phéniciens, qui fournissaient pourtant l'élite de la flotte (voir au v. 410).
6. *Artaphrénès*, cousin de Xerxès, combattit à Marathon, comme lieutenant du général Datis, selon Hérodote (*Histoire*, VII, 74).
7. *Mégabatès*, cousin de Darius, selon Hérodote (*Histoire*, VII, 97) ; son fils, Mégabazos, qu'Eschyle ne mentionne pas, était un des quatre amiraux qui commandaient la flotte perse à Salamine. *Astaspès* n'est pas un nom attesté : mais il se confond peut-être avec Hystaspès, un des frères de Xerxès, qui commandait aux Bactriens.
8. L'arme d'élection des Perses est l'arc : ce pourquoi les Grecs les méprisent, car ils combattent de loin en refusant, comme par lâcheté, le corps à corps. Cette topique de l'arc et des flèches reviendra tout au long de la pièce, très souvent opposée à la lance, arme de l'hoplite grec.
9. *Masistrès* est un des frères de Xerxès.
10. *Pharandakès*, ou Pharandatès, est mentionné par Hérodote (*Histoire*, VII, 79 & IX, 76) : il était chef des Colchidiens.
11. *Pegastagôn* est un nom propre bien douteux : si on le décompose, il peut signifier « chef de la source » (les sources du Nil), et se rapporter à *Sousiskanès*. *Égyptos* est le nom dynastique du roi d'Égypte.

LE CORYPHÉE

Voici, d'entre les Perses, qui s'en sont allés
en terre grecque, ceux qu'on nomme les Fidèles,
gardiens du somptueux palais doré,
    eux qu'en vertu de leur grand âge[1]
5   leur chef, le roi Xerxès,
    fils de Darios, a désignés
    pour qu'ils veillent sur le pays.
Quand je songe à présent, prophète de malheur,
    au retour du roi, au retour
10 de l'armée dorée, le tourment
point le cœur de mon cœur : toute la force vive
de l'Asie est partie, et il languit après
    le jeune héros[2] ; cependant
    nul messager, nul cavalier
15 ne s'en revient à la ville des Perses !

    Ils ont quitté Suse, Ecbatane[3],
    le vieux rempart de la Kissie[4],
et puis s'en sont allés, les uns sur leurs chevaux
et d'autres embarqués ; les fantassins
20 formant le plus fort de l'armée.
Tels Amistrès[5], Artaphrénès[6],
    Mégabatès[7] et Astaspès,
chefs des Perses, rois vassaux du grand roi
25 qui veillent sur la grande armée,
les voici qui s'ébranlent : triomphants archers[8],
cavaliers effrayants, que leur âme intrépide
    rend redoutables à la guerre.
Voici Artembarès, qui combat à cheval,
30   et Masistrès[9] ; et, archer triomphant,
le vaillant Imaïos ; Pharandakès[10],
et Sosthanès qui guide ses chevaux.
Puis d'autres que le Nil, immense et nourricier,
    a dépêchés : Sousiskanès,
35   Pegastagôn, fils d'Égyptos[11],

1. *Memphis* : ville de la moyenne Égypte.
2. *Arsamès* et *Ariomardos*, fils de Darius, sont deux demi-frères de Xerxès, respectivement chefs des Caspiens et des Éthiopiens, mentionnés par Hérodote (*Histoire*, VII, 69 & 67). Ariomardos commande la province de *Thèbes*, en Haute-Égypte, où Xerxès vient de faire une expédition victorieuse.
3. La Lydie est une région d'Asie mineure, jadis gouvernée par le roi Crésus, et conquise par Cyrus. Les *Lydiens*, au sein de leur satrapie (division administrative de l'Empire perse, gouvernée par un proche parent du roi, le plus souvent), avaient une position dominante sur tout autre *ethnos*, ou groupe de population.
4. *Sardes* est une ville de Lydie, sur le fleuve Pactole ; c'est l'ancienne capitale de Crésus, réputée pour son luxe (d'où l'épithète *dorée*). Xerxès y avait concentré ses troupes avant le départ de l'expédition, nous apprend Hérodote (*Histoire*, VII, 37).
5. Le *Tmolos* est une montagne de Lydie, au sud de Sardes.
6. La *Mysie* est une région d'Asie Mineure située face à l'île de Lesbos.
7. *Babylone* est qualifiée de *dorée* pour sa proverbiale richesse : aux dires d'Hérodote (*Histoire*, I, 192), c'est elle qui entretenait à la fois le train de vie des rois de Perse, et l'économie de l'Empire.
8. *Hellé*, fille d'Athamas, lui-même fils d'Éole, fuyant de la Grèce vers l'Asie avec son frère Phrixos, tomba dans la mer qui porte désormais son nom à cet endroit – *Hellespont*. On trouve ce récit mythologique, par exemple, chez Diodore de Sicile, *Bibliothèque historique*, IV, 47.
9. La métaphore souligne bien le mépris de Xerxès pour la mer, réduite au rang d'animal de trait. On pense à la célèbre anecdote rapportée par Hérodote, dans laquelle Xerxès fait fouetter la mer pour avoir détruit ses navires. Voir le Dossier, p. 222.

et, chef de la sainte Memphis[1],
le grand Arsamès ; et encore Ariomardos[2],
   qui commande à l'antique Thèbes,
et des rameurs, bateliers des marais,
40   en foule terrible, innombrable.
Viennent ensuite les Lydiens, troupe lascive
qui domine tout un peuple[3] du continent ;
   ceux encor que Métrogathès
   et le brave Arkteus, rois féaux,
45 et Sardes[4] la dorée lancent au-devant d'eux,
montés sur des chars en grand nombre,
   en double ou en triple attelage.
   Ha, quel spectacle formidable !
Ils se flattent, les voisins du Tmolos[5] sacré,
50 de jeter sur la Grèce un joug de servitude :
Mardôn et Tharybis, robustes brise-lances,
les Mysiens[6] lanceurs de javelots... cette foule
mélangée, Babylone[7] la dorée
l'envoie impétueusement, et ces marins,
55 et ces archers confiants en leurs flèches précises.
Le peuple porte-poignard, venu de l'Asie
   tout entière, s'en vient ensuite,
   aux ordres terribles du roi.
   Voyez la fine fleur des hommes
60   de notre Perse qui s'en va ;
eux qu'a nourris le sol d'Asie – qu'ores il pleure
d'un regret ardent ; et les enfants, les épouses,
   cependant qu'ils comptent les jours,
      tremblent du temps qui passe.

LE CHŒUR

Strophe 1

65 *Maintenant elle a traversé,*
l'armée du roi, dévastatrice,
et rejoint la terre voisine
sur l'autre rive, en franchissant
par un pont encordé de lin
70 *le détroit d'Hellé[8], fille d'Athamas –*
lançant par-dessus ce chemin bien chevillé,
tel un joug[9] que l'on jette au collier de la mer.

1. Ce *regard bleu-noir* évoque l'œil peint à la proue des vaisseaux perses. La couleur bleu-noir (*kyanéos*, cyan) a le plus souvent, en grec, une connotation funèbre : en particulier, elle sert souvent à caractériser la chevelure de serpents des Gorgones.
2. *Arès* : dieu de la guerre, dont le nom est parfois simplement synonyme de *combat*.
3. Certains éditeurs, suivant une hypothèse de Müller (1837), déplacent strophe & antistrophe 3 après les strophe & antistrophe 4, au nom de la cohérence et de la continuité logiques du chœur. Mais la rupture de ton et de thème qu'introduisent ces strophe & antistrophe 3 peut s'insérer aussi bien à ce point du texte : l'exaltation de la puissance des Perses, et de leur audace, est coupée par une méditation plus générale sur les ruses du Destin, auquel l'homme ne saurait échapper. Signalons enfin que certains estiment métriquement impossible de former avec ces huit vers une strophe et une antistrophe rythmiquement correctes : ils font de ce passage une *mésôdé*, un « interlude » si l'on veut.
4. *Atè* est une personnification de la tromperie, une maîtresse d'erreur qui induit à la faute. Divinité à l'origine, Atè a été chassée de l'Olympe par Zeus, et elle est depuis le partage des hommes. Le nom commun *atè* signifie l'erreur, et son doublet *apatè* la ruse. Dans l'*Iliade* (II, 111-114), Agamemnon s'adresse ainsi aux Grecs assemblés : « Zeus, fils de Khronos, m'a lié si fort par une lourde erreur (*até*) ! / Le pervers, lui qui m'avait promis, lui qui m'avait accordé / qu'après avoir détruit Ilion aux bons remparts, je reviendrais / chez moi ! En fait, il machinait une méchante tromperie (*apatè*), / et m'ordonne de rentrer sans gloire dans Argos, quand j'ai fait périr tant d'hommes ! » La posture d'Agamemnon, roi aveuglé par l'Erreur et revenant déshonoré parmi les siens, n'est pas sans analogie avec la situation de Xerxès dans notre pièce.
5. *Moîra* : personnification du Destin, qui représentait à l'origine le lot assigné à chacun, de toute éternité, selon une loi que même les dieux ne pouvaient transgresser. Au pluriel, les Moires (*Moîrai*) ont été identifiées aux trois Parques qui filent et qui rompent le cours de la vie humaine.
6. Les Perses étaient en effet réputés pour leur maîtrise de la poliorcétique, c'est-à-dire l'art d'assiéger les villes.

Antistrophe 1

Le chef de l'Asie peuplée d'hommes,
ce chef ardent, de par le monde
75 *presse son troupeau merveilleux*
par deux voies, sur terre et sur mer,
se fiant à ses lieutenants
solides autant qu'ils sont rudes – lui, cet homme
80 *égal des dieux, et dont la race est née de l'or !*

Strophe 2

Décochant un regard bleu-noir[1]
comme d'un serpent meurtrier,
armé de mille bras, de mille nefs,
et conduisant son char syrien,
85 *contre des soldats fameux par la lance, il mène*
en triomphant par l'arc les batailles d'Arès[2].

Antistrophe 2

Ce grand flot d'hommes, qui pourrait
l'endiguer, quels fermes remparts –
aussi bien arrêter la mer
90 *qui déferle, irrésistible !*
Car implacablement elle s'avance,
cette armée perse, et ce peuple vaillant.

Strophe 3[3]

Mais le piège qu'ourdit un dieu,
quel mortel pourra l'éviter,
95 *bondissant d'un élan léger,*
  d'un pied vif ?

Antistrophe 3

Atè[4], *cette enjôleuse, égare*
l'homme pour le prendre en ses rets ;
100 *nul ne saurait se sauver d'elle*
  par la fuite.

Strophe 4

Ainsi Moïra[5], *de par les dieux*
régnant depuis un si long temps,
Moïra a dévolu aux Perses
105 *les guerres renverse-remparts,*
et les mêlées de cavaliers,
et les destructions de cités[6].

Antistrophe 4

Et la mer aux nombreux passages,
dont l'écume blanchit au vent

1. *Bâtiments* : le grec dit *mèchanai*, machines. Il peut s'agir aussi bien de navires que du pont jeté sur l'Hellé ; de même que les *câbles* évoqués au vers précédent peuvent désigner les liens de la passerelle comme le gréement des vaisseaux. Dans les deux cas, il s'agit d'artefacts créés par l'industrie des hommes, pour tenter de s'affranchir des limites que la nature leur oppose – marque de l'*hybris* des Perses. Voir le Dossier, p. 222-223.
2. Déchirer son vêtement est en effet un des gestes rituels du deuil oriental ; c'est un élément de « couleur locale » qu'Eschyle introduit ici dans son texte.
3. Ce vers nous donne une des rares indications de décor de la pièce ; l'*antique toit* désigne l'édifice où siège le Conseil des Fidèles, auquel il est fait référence, de façon plus floue, dès le vers 2.

110   impétueux, ils ont appris
      à regarder battre ses flots,
      confiants en des câbles frêles,
      des bâtiments pour les porter¹.

                                                    Strophe 5

115 *Pourtant mon cœur, voilé d'une tunique noire,*
      ainsi se déchire de crainte :
      « Oa, l'expédition des Perses ! »
      s'effrayant que toute la ville ne l'entende,
      et que Suse la grande se dépeuple d'hommes,

                                                    Antistrophe 5

120   *et que le rempart des Kissiens*
      ne résonne de cet écho
      — ce cri, « Oa ! » proféré par
      la foule des femmes nombreuses —,
125   *et que l'on n'en lacère les robes de lin².*

                                                    Strophe 6

      Car c'est le peuple tout entier,
      marchant à cheval ou à pied,
      qui ainsi s'en est allé
      pareil à un essaim d'abeilles,
130   *et avec le chef de l'armée*
      a passé le joug qui unit
      les rivages des deux terres.

                                                    Antistrophe 6

      Et les lits sont tout pleins de larmes
      qui coulent du regret des hommes ;
135   *les femmes perses, de douleur*
      prostrées, languissent de l'aimé :
      celle qui a laissé partir
      en armes son vaillant époux
      reste seule, sous le joug.

LE CORYPHÉE

140   Mais allons donc nous rassembler,
      Perses, sous cet antique toit³ :
      qu'un examen prudent, profond,
      nous dise (il en est bien besoin)
145   ce que devient Xerxès, fils de Darios,

1. Le peuple perse, en effet, descendrait d'un ancêtre mythique, Persès, fils de Persée, lui-même fils de Zeus et de Danaé. Selon Pline l'Ancien (VII, 201), Persès serait l'inventeur de l'arc.
2. *Une lumière* : *phôs*, en grec, notion essentielle qui peut signifier le jour, l'éclat, la vie, une personne chère ou un objet précieux.
3. Eschyle évoque ici l'agenouillement (*proskynèsis*), geste d'adoration oriental qui scandalisait les Grecs par l'extrême soumission qu'il indique, toute contraire à l'esprit de liberté qui les anime.
4. *À la taille serrée* : *bathyzônos*, littéralement : à la ceinture profonde.
5. Le terme *daimôn* désigne, dans l'ancienne religion grecque, une créature intermédiaire entre les dieux et les hommes – instrument, par lequel s'accomplit une volonté divine. Dans une étude préparatoire à *La Naissance de la tragédie*, « La conception dionysiaque du monde » (1870), Nietzsche observait : « [Eschyle] corrige la croyance populaire au démon qui aveugle l'homme et le fait tomber dans le péché, vestige d'un monde d'anciens dieux, détrônés par les Olympiens ; il fait de ce démon un instrument dans la main de Zeus qui châtie avec justice. » Au singulier, le *daimôn* signifie souvent le sort, avec une coloration de mauvais augure (c'est le cas ici). Dans la pièce, le terme est aussi employé pour désigner le spectre de Darios.
6. La *richesse* : il s'agit vraisemblablement du nom commun, mais le mot grec, *ploutos*, était aussi le nom du dieu des richesses. On voit le lieu commun que la reine expose ici de façon elliptique : la richesse excessive, par l'avidité toujours plus vive qu'elle fait naître, risque d'abattre la prospérité – qui est plus précieuse que la richesse. Il faut noter que ce vers pourrait se traduire aussi « que trop de richesse n'abatte, et pulvérise », suivant la façon dont on comprend l'image qu'il développe : celle d'un bâtiment qui s'effondre, qui tombe en poudre, ou bien celle d'un cavalier désarçonné par sa monture qui s'emballe (interprétation retenue dans notre traduction).
7. Tout ce passage peut paraître obscur tant il est formel. En fait, sous couleur de généralité, la reine craint que le pays ne se révolte en l'absence de Xerxès, et ne pille ses richesses ; et que Xerxès, ruiné, ne soit détrôné. Le texte grec parle simplement de richesses sans homme(s), *anandrôn* ; notre traduction, en recourant au terme de maître (*despotês*), qui est précisément employé deux vers plus loin pour désigner Xerxès, s'efforce de rendre le raisonnement d'Atossa un peu plus intelligible.
8. Atossa va rapporter ici un songe allégorique, et une série de présages. L'interprétation des songes, ou oniromancie, était un des aspects essentiels de la religion grecque.

ce roi de notre race qui porte le nom
de son ancêtre[1]. Est-ce l'élan vainqueur
de l'arc, ou bien la force de la lance
coiffée de fer qui a eu le dessus ?
150 Voici cependant qu'égale au regard des dieux
jaillit une lumière[2] : la mère du roi.
    O ma reine, je me prosterne[3].
Il nous faut tous nous adresser à elle
en paroles de bienvenue.

155 Souveraine entre les femmes perses, à la taille serrée[4],
vieille mère de Xerxès, femme de Darios, salut à toi :
compagne de lit du dieu des Perses, mère d'un autre dieu
– à moins que le daïmon[5] ancien
            [n'ait abandonné notre armée.

LA REINE

Quittant ces lieux, le palais tendu d'or, la chambre
160 de Darios qui fut la mienne aussi, me voici.
Une pensée me déchire le cœur : amis,
je vous dirai que partout me suit cette crainte,
que trop de richesse[6] ne jette au sol, dans la poussière,
la prospérité qu'édifia Darios, favorisé d'un dieu.
165 Une angoisse sans nom, double, hante mon esprit :
qu'on ne respecte plus des richesses sans maître,
qu'un maître sans richesses n'ait plus tout l'éclat
que sa force vaudrait[7]. Nos richesses sont à l'abri,
mais je crains pour nos yeux : et l'œil d'une maison
170 c'est la présence du maître... Assistez-moi, Perses,
en cette passe ; vieillards dignes de confiance,
c'est de vous que j'attends tous judicieux conseils.

LE CORYPHÉE

Sache-le bien, maîtresse de cette contrée,
Tu n'auras pas à répéter tes paroles, tes ordres :
175 Tu t'adresses en nous à des conseillers bienveillants.

LA REINE

Sans cesse, en maints rêves nocturnes[8], depuis l'heure
où mon fils a rassemblé l'armée, je resonge
à son départ pour ravager la terre ionienne ;

1. Ces deux femmes personnifient évidemment l'Europe et l'Asie, bien identifiées par leur vêtement. Elles sont dites « sœur d'une même race », c'est-à-dire d'une même lignée, car, dans la mythologie, Europe est fille de Téthys et de l'Océan, tout comme Asia. Dans ce songe, le dessein de Xerxès est de les soumettre sous un même joug, ce qui ne va pas sans résistance de la part d'Europe, qui refuse fièrement le mors et le harnais. C'est déjà une exaltation discrète de l'amour de la liberté propre aux Grecs.
2. Il est piquant que les « barbares » parlent d'eux-mêmes en utilisant ce terme, qui reflète clairement le point de vue grec : pour les Grecs, sont *barbares*, au sens propre, tous les étrangers parlant une langue à eux inintelligible.
3. Eschyle emploie ici le mot *péplos*, qui le plus souvent désigne en grec un vêtement féminin (et tout particulièrement le Voile d'Athéna). De la part du dramaturge, c'est à la fois un trait de couleur locale et, sans doute, une discrète ironie vis-à-vis du caractère efféminé et languide prêté sans cesse aux Orientaux dans cette pièce.
4. C'était effectivement une coutume, après un rêve de mauvais augure, de se purifier avec de l'eau claire. Il s'agit toutefois d'un rite grec : Hérodote raconte que les Perses avaient pour les cours d'eaux une telle vénération qu'ils n'osaient pas même s'y laver les mains (*Histoire*, I, 138).
5. Cette offrande rituelle est évoquée par le terme *pélanos*, c'est-à-dire une galette ou une bouillie faite de farine, de miel et d'huile, que l'on brûlait sur l'autel – chez les Grecs, du moins, puisque Hérodote (*Histoire*, I, 132) précise que les Perses, pour leurs sacrifices, « n'élèvent pas d'autels et n'allument pas de feu ».
6. L'*aigle* était pour les Grecs l'oiseau de Zeus ; son apparition dans le ciel à la suite de prières était un présage favorable. Mais il était aussi, pour les Perses, l'emblème de leurs rois, et le symbole de leur dieu Ahuramazda. Ici, l'aigle, poursuivi par un épervier – un oiseau plus petit –, doit se réfugier auprès du foyer de *Phoïbos* – Apollon, dont l'oiseau est l'épervier. (C'est peut-être une allusion précise à ce que rapporte Hérodote, *Histoire*, VIII, 35 : Xerxès aurait caressé le projet de piller les richesses du temple d'Apollon à Delphes.) L'aigle représente, en définitive, la puissance des Perses, mise en déroute par la force, plus modeste, des Grecs. L'épervier s'en prend d'abord à la tête de son ennemi ; celui-ci la protège en se recroquevillant, mais doit livrer son corps aux griffes athéniennes... De même, Xerxès – *tête* de l'empire – se sauvera en sacrifiant le *corps* de son armée. Ainsi doit s'interpréter le présage, et l'on comprend la terreur d'Atossa.
7. L'obligation de rendre des comptes faisait partie intégrante de toute magistrature à Athènes ; ici, Eschyle souligne par contraste le caractère absolu de la monarchie orientale.

pourtant jamais encor la vision ne fut vive
180 comme la nuit passée. Je m'en vais te la dire.
À mes yeux deux femmes sont apparues,
bien vêtues, l'une parée d'une robe perse,
l'autre d'une robe dorienne : les plus belles
des femmes de ce temps, aussi bien par leur taille
185 que par leur beauté sans défaut, sœurs d'une même
race[1]. L'une habitait la terre de ses pères,
la Grèce, son partage, et l'autre le pays barbare[2].
Elles étaient en train (à ce qu'il m'a semblé)
de s'enterequereller. Ce que voyant, mon fils
190 entreprit de les maîtriser, les apaiser :
jetant un harnais sur leur col, il les attelle
à son char. L'une, fière en un tel équipage,
présentait sous le mors une bouche docile ;
l'autre se débattait : de ses mains elle met
195 en pièces la bride, qu'elle emporte avec force,
et, sans frein, rompt le joug qui les lie toutes deux.
Alors tombe mon fils – et son père apparaît.
Darios le plaint ; Xerxès, aussitôt qu'il le voit,
met en lambeaux sa robe[3] sur son corps. Voilà,
200 certes, ce que je dis avoir vu cette nuit.
Quand je me fus levée, ayant trempé mes mains
dans une eau claire de source[4], je m'approchai
de l'autel des daïmons protecteurs, désireuse
de leur sacrifier la galette[5] rituelle :
205 et là je vois un aigle fuir vers le foyer
de Phoïbos. Muette de crainte, oh mes amis,
j'aperçois lors un épervier qui fond sur lui
à tire-d'aile, et qui déchire de ses serres
les plumes de sa tête. Il se blottit, l'aigle, laissant
210 son corps à découvert[6] : scène pour moi terrible
à voir, et pour vous à entendre... Assurément,
mon fils, s'il réussit, sera un héros admirable ;
mais s'il faillit, il ne doit aucun compte[7] à la cité.
En tout cas, s'il est sauf, il est maître de cette terre.

LE CORYPHÉE

215 Mère, nous ne voulons t'effrayer à l'excès par nos paroles,
mais pas non plus te rassurer.
        [Touche les dieux par des prières :
si ce que tu as vu t'inquiète, implore-les d'en détourner

1. *La nuit conseillère* : le texte dit simplement « la conseillère », formule elliptique classique pour désigner la nuit.
2. Le Soleil est effectivement le dieu Ahuramazda des Perses.
3. À la question de la reine qui porte sur la *quantité*, le coryphée répond par une évaluation de la *qualité* de l'armée grecque. D'une façon générale, dans ces échanges en stichomythie, les réponses du coryphée ne correspondent jamais tout à fait aux questions de la reine, et les disqualifient presque. Les philologues ont proposé de nombreux amendements du texte grec, voire des déplacements de vers, pour rétablir une logique dans cet échange : ce qui nous semble abusif.
4. Les *Mèdes* : ici le terme est simplement synonyme de Perses ; plus loin, quand Darios dressera la généalogie des rois perses, il commencera par Médos – éponyme des Mèdes.

l'effet ; et puis qu'il advienne du bien
 [pour toi, pour tes enfants,
pour la cité et ceux qui te sont chers. Tu dois verser, ensuite,
220 des libations à la terre et aux morts, et prier avec force
que Darios, ton époux, que tu dis voir
 [en la nuit conseillère[1],
fasse venir au jour, du tréfonds de la terre, du bonheur
pour toi, pour ton fils ; le reste,
 [qu'il le contienne sous la terre,
le garde enténébré... Mon cœur prophétique te le conseille
225 avec force : et nous jugeons que pour toi,
 [il en viendra du bien.

LA REINE

Premier interprète, bienveillant, de ces songes,
tu leur as donné sens pour mon fils, ma maison.
Qu'advienne tel sort favorable ! à cette fin,
dès le retour, qu'on fasse offrande aux dieux, ainsi
230 qu'à nos ensevelis. Mais je veux tout savoir,
amis : où dit-on qu'est Athènes, sur la terre ?

LE CORYPHÉE

Au loin, vers le couchant où décline le Soleil, notre maître[2].

LA REINE

Et pourtant, mon fils a désiré la forcer, cette cité ?

LE CORYPHÉE

Qu'il y réussisse, et toute la Grèce lui serait soumise.

LA REINE

235 Mais alors, ils ont sous la main
 [des forces armées si nombreuses ?

LE CORYPHÉE

Leur armée est telle[3], qu'elle a déjà
 [fait bien du mal aux Mèdes[4].

1. Il s'agit des mines d'argent du Laurion, récemment découvertes, dont l'exploitation a permis de construire les navires de guerre qui ont défait les Perses à Salamine. Voir le Dossier, p. 202.
2. C'est-à-dire : des armes avec lesquelles on combat les deux pieds rivés au sol, par opposition aux armes de jet (flèches et javelots) des Perses.
3. C'est la définition de l'*éleuthéria*, la liberté grecque. Hérodote, dans son *Histoire* (VII, 104), rapporte un dialogue entre Démarate, un ancien roi de Sparte, et Darius ; le premier dépeint ainsi les Grecs : « En combat singulier, ils valent n'importe qui, mais tous ensemble, ils sont les plus braves des hommes. Ils sont libres, certes, mais pas entièrement, car ils ont un maître tyrannique, la loi, qu'ils craignent bien plus encore que tes sujets ne te craignent ; assurément, ils exécutent tous ses ordres ; or ce maître leur donne toujours le même : il ne leur permet pas de reculer devant l'ennemi, si nombreux soit-il, ils doivent rester à leur rang et vaincre ou périr. » (traduction d'Andrée Barguet, sous le titre *L'Enquête*, Gallimard, 1964, rééd. coll. « Folio », t. II, p. 223-224.)

La reine

Quoi d'autre encore ? Ont-ils assez
                [de richesses dans leur palais ?

Le coryphée

Ils ont une source d'argent, un trésor enfoui dans la terre[1].

La reine

Et la flèche que décoche un arc tendu, en font-ils usage ?

Le coryphée

240 Non : mais des épées que l'on tient ferme[2],
                [des cuirasses, des boucliers.

La reine

Qui est leur chef ? quel est-il,
                [celui qui commande à leur armée ?

Le coryphée

Ils ne peuvent être dits esclaves, ni sujets, de personne[3].

La reine

Mais comment tiendraient-ils tête
                [à des ennemis, des étrangers !

Le coryphée

Assez pour anéantir l'immense et belle armée de Darios.

La reine

245 C'est terrible à penser, pour les parents
                [de ceux qui sont partis.

Le coryphée

Mais il semble que tu pourrais bientôt savoir la vérité.
De cet homme apprenons ce qu'il est advenu des Perses :
s'en vient-il révéler un événement heureux, ou funeste ?

1. Le français est impuissant à rendre le caractère criard de cette plainte, toute en assonances en *aï* : *ania ania kaka néokota kai / dai' · aiai, diainesthé Per- / sai*.
2. Le retour (*nostos*) de la guerre est un thème épique par excellence : *cf.* l'*Odyssée*.
3. Le messager insiste sur le fait qu'il a assisté en personne aux événements qu'il rapporte, ce qui fonde la véracité de ses dires (*cf.* les paroles de la reine au v. 738).
4. Nous rendons ainsi le cri de désolation *ototototoï*. Sur l'expression de la douleur des Perses, qui peut paraître ici et là, vu son excès, à la limite de la caricature, voir la Présentation, p. 68.

Le messager

O villes de toutes les contrées de l'Asie !
250 O terre perse, port où affluent les richesses,
une seule blessure a détruit ta prospérité !
La fleur des Perses s'en est allée, est tombée.
Ha, malheur d'annoncer un malheur le premier !
Il faut pourtant raconter la souffrance perse :
255 car l'armée barbare, tout entière, a péri.

Le chœur

Strophe 1

Chagrin, chagrin, malheurs nouveaux,
déchirants ! aï aï, pleurez, Perses[1]*,*
d'entendre ce qui nous accable !

Le messager

260 Comme tout cela s'est passé... Et moi je vois,
qui n'en avais nul espoir, le jour du retour[2] !

Le chœur

Antistrophe 1

Tout ce temps, qu'il a paru long
aux vieillards – pour apprendre enfin
265 *un désastre aussi imprévu !*

Le messager

C'est en témoin[3], et non en répétant les paroles d'un autre,
Perses, que je m'en vais raconter ces malheurs.

Le chœur

Strophe 2

Hou la la la[4] *! c'est donc en vain*
qu'aura fondu une grêle de traits
270 *depuis la terre de l'Asie*
vers la Grèce dévastatrice !

1. Ce spectacle des vêtements gonflés d'eau avait frappé les soldats grecs, étonnés par la tenue de combat des Perses, qui couvrait tout leur corps : *cf.* Aristophane, *Les Guêpes*, v. 1087, où les marins grecs éperonnent les pantalons bouffants de leurs ennemis naufragés, comme ils pêcheraient des thons...
2. *Les dieux* : le mot est interpolé. Dans les manuscrits, le verbe n'a pas de sujet ; la tradition, suivant des considérations métriques, a suppléé celui-ci. Cependant, comme le font remarquer certains commentateurs (en particulier H.D. Broadhead), le chœur, ici, sous le coup de l'émotion, en reste plutôt à une évocation concrète du désastre, sans s'interroger encore sur le rôle des dieux : c'est la reine qui amorcera un peu plus loin cette réflexion. On peut donc, si l'on veut, prendre comme sujet du verbe « les Grecs », plutôt que « les dieux ». Ce n'est, de toute façon, qu'une conjecture...
3. Le texte de cette antistrophe, délicat à comprendre, a souvent été remanié par les éditeurs. Sans doute faut-il entendre le « souvenir d'Athènes » comme une allusion à la défaite perse de Marathon, dix ans plus tôt.

LE MESSAGER

Ils sont pleins de morts tués misérablement,
les rivages de Salamine, et leurs abords.

LE CHŒUR

Antistrophe 2

Hou la la la ! ainsi, les nôtres,
275 *corps ballottés, corps engloutis,*
inertes dans leurs grands manteaux[1],
s'en vont à la dérive, au fil de l'eau !

LE MESSAGER

Les arcs n'ont pas suffi, tout entière a péri
notre armée, domptée par l'éperon des navires.

LE CHŒUR

Strophe 3

Jetons en ce malheur un cri lugubre
280 *et désolé : à quelle peine*
les dieux[2] ont-ils voué les Perses !
Aï aï, l'armée anéantie !

LE MESSAGER

O la désolation d'ouïr ce seul nom, Salamine !
285 À me souvenir d'Athènes, comme je pleure !

LE CHŒUR

Antistrophe 3

Odieuse Athènes ! quel malheur !
Il faut se ressouvenir comme
elle a pour tant de femmes perses
ravi des enfants, un mari[3] !

1. On peut noter que la reine ne s'enquiert pas directement du sort de Xerxès ; mais sa question, « qui n'est pas mort ? », est éloquente, et le messager a bien compris le sens de sa demande.
2. Les *Silénies* : c'est probablement le nom que l'on donnait à un lieu de la côte de Salamine, auprès du promontoire où les Grecs élevèrent leur trophée.
3. *L'île d'Ajax* : il s'agit d'une périphrase pour désigner Salamine. Deux vers plus loin, *l'île des Colombes* renvoie peut-être encore à Salamine, ou bien désigne un îlot rocheux non identifié.
4. Entre les v. 310 et 320, le texte grec semble peu sûr, et les éditeurs ont suggéré diverses permutations dans l'ordre des vers ; notre traduction en tient compte, sans en indiquer le détail.
5. Outre l'image saisissante, il y a peut-être ici un trait d'ironie, et un jeu sur les mots : tout comme en français, le terme grec *baphé* désigne à la fois le bain dans la mer et le bain d'une teinture. Or plusieurs villes d'Asie Mineure, en particulier Sardes et Tyr, étaient fameuses pour leur teinture pourpre (le rouge tyrien).
6. Les Mages étaient une tribu mède, à qui étaient dévolues d'importantes fonctions religieuses (d'où le passage du nom propre au nom commun).

La reine

290 Je me suis tue longtemps, malheureuse, ébranlée
par de tels maux. Il me submerge, ce malheur :
que dire, et que demander de telles souffrances !
Rien. Les mortels enfin doivent porter leurs peines,
quand les donnent les dieux ; cesse ta plainte,
295 et nous dis calmement, malgré ton affliction,
qui n'est pas mort[1], et qui d'entre nos chefs
il nous faudra pleurer ; et quel roi porte-sceptre
a laissé, en mourant, sa place sans personne.

Le messager

Xerxès quant à lui est vivant, il voit le jour.

La reine

300 Pour ma maison, ce que tu dis, quelle lumière !
Quel jour radieux, jaillissant hors d'une nuit noire !

Le messager

Artembarès, chef de dix mille cavaliers,
lui se fracasse aux rives rocheuses des Silénies[2].
Dadakès, qui commandait mille hommes, frappé
305 par un javelot, envolé par-dessus-bord !
Le noble Ténagôn, héros entre les Bactriens,
flotte alentour l'île d'Ajax[3], battu par le ressac.
Lilaïos, Arsamès, un autre encor, couverts
d'écume, autour de l'île des Colombes,
310 vaincus, heurtent brutalement l'âpre récif.
Et ces voisins des sources du Nil égyptien,
Arkteus, et Adeuès, Pharnoukhos porte-bouclier,
tous les trois, précipités d'un même vaisseau[4].
Matallos de Chryse, commandant de dix mille,
315   mort ; son menton couvert de barbe,
il l'aura teint en roux dans un bain empourpré[5].
Arabos du peuple magien[6], et Artamès de Bactres,
qui commandaient trente mille cavaliers noirs,
exilés là-bas, sur ce rude sol, sont morts.
320 Amestris, Amphistreus qui brandissait la lance
sans répit, et le valeureux Ariomardès
(quel deuil pour les Sardes !), Seisamès le Mysien,

1. *Lyrna* : dans l'*Iliade*, il s'agit de la ville de Troade où Achille fit prisonnière Briséis.
2. Eschyle s'applique ici à faire parler son messager avec vraisemblance : celui-ci ne donne qu'un effectif approximatif pour la flotte grecque, et un nombre très précis (1207) pour la flotte de Xerxès, qu'il connaît évidemment mieux, comme le souligne cette incise. Ce nombre est d'ailleurs confirmé par Hérodote (*Histoire*, VII, 89).
3. Il y a peut-être ici un souvenir de la pesée, par Zeus, des combattants de la guerre de Troie (*Iliade*, VIII, 69-72) : « Alors Zeus, le père des dieux, déployant sa balance d'or, / Place sur les plateaux deux déesses de mort, vouées à renverser / qui les Troyens dompte-chevaux, qui les Achéens ceints de bronze. / Il lève le fléau : le jour fatal des Achéens s'abaisse... » Ce qui est pesé, chez Homère, ce sont exactement les déesses de la mort (*kères*). Chez Eschyle, il s'agit du sort (*tykhê*).
4. *La cité de Pallas* : périphrase pour désigner Athènes (Pallas est un autre nom pour Athéna).
5. Le verbe ici employé, *aukhomai*, qui signifie « se glorifier », « se vanter », se trouve souvent dans les textes épiques pour dire la jactance guerrière liée à l'*hybris* – la démesure ou la présomption par laquelle l'homme court à sa perte.

et Tharybis, qui commandait cinq fois cinquante
vaisseaux, héros admirable issu de Lyrna[1],
325 gisent infortunés, morts d'une triste mort.
Et Syennésis, encor, premier pour la vaillance,
chef des Ciliciens qui, seul, donnait tant de peine
aux ennemis, mort, lui aussi, glorieusement...
C'est, pour les chefs, ce dont il me souvient : parmi
330 tant de malheurs, je n'en ai dit que quelques-uns.

LA REINE

Aï aï ! j'entends ici le comble du malheur.
Infamie pour les Perses, et cris lancinants !
Mais reviens en arrière, et m'explique en quel nombre
étaient les vaisseaux grecs, pour qu'ils se croient capables
335 d'engager le combat contre l'armée des Perses,
en l'assaillant des éperons de leurs navires ?

LE MESSAGER

Sache-le bien, en nombre de navires,
les barbares l'emportaient. Les Grecs, dans leur flotte,
alignaient à peu près dix fois trente vaisseaux ;
340 et encore, à côté, dix navires d'élite.
Xerxès, lui (je le sais bien[2]) en alignait mille
dans la flotte qu'il conduisait, plus deux cent sept
croiseurs rapides. Voilà le rapport des forces :
le dirais-tu, qu'ici nous étions dépassés ?
345 Il faut qu'un daïmon ait anéanti l'armée,
et chargé la balance d'un sort inégal[3].
Les dieux sauvegardent la cité de Pallas[4].

LA REINE

Est-elle encore intacte, la cité d'Athènes ?

LE MESSAGER

Il est solide, le rempart que forment des hommes vivants.

LA REINE

350 Dis-moi, quel fut l'engagement, pour les navires ?
Qui a ouvert le combat ? Les Grecs ? Ou bien mon fils,
qui s'était vanté[5] du nombre de ses vaisseaux ?

1. *Un certain Grec* : il s'agit de Sikinnos, le précepteur des enfants de Thémistocle, qui l'avait chargé de cette mission. Voir le Dossier, p. 201-202.
2. *Le jour aux blêmes coursiers* : on reconnaît ici une épithète homérique, qui évoque le char du Soleil ; d'une façon générale, Eschyle donne au récit de la bataille de Salamine une franche coloration épique.

Le Messager

Pour engager tous ces malheurs, O ma reine, il y eut
un vengeur, un daïmon pervers, surgi on ne sait d'où.
355 Un certain Grec[1], traître à l'armée d'Athènes,
s'en vint dire ceci à ton fils, à Xerxès :
Vienne l'obscurité, la nuit noire, et les Grecs
ne tiendront plus leurs positions ; ils bondiront
sur les bancs des vaisseaux, cherchant chacun pour soi
360 à sauver leur vie par une fuite furtive.
Xerxès l'écoute, et sans s'aviser de la ruse
de l'homme grec, ni de la jalousie des dieux,
il en ordonne ainsi à ses chefs de vaisseaux :
Quand le soleil cessera d'embraser la terre de ses rais,
365 quand le noir gagnera le sanctuaire du ciel,
la masse des vaisseaux devra former trois rangs
pour garder les issues, les passes rugissantes ;
d'autres vaisseaux devront cerner l'île d'Ajax.
Si les Grecs, disait-il, réchappent au désastre
370 en s'enfuyant furtivement sur leurs navires,
que chacun d'entre vous ait la tête tranchée.
Xerxès donnait ces ordres en toute assurance,
sans se douter de ce que machinaient les dieux.
Les Perses, sans désordre, en bonne obéissance,
375 préparaient leur repas ; chaque marin
liait sa rame au ferme appui de son tolet.
Puis, quand la lumière du soleil déclina,
et que survint la nuit, chaque maître de rame
regagna son navire, avec les hommes d'armes.
380 À bord des longs vaisseaux, chaque rang encourage
l'autre : et l'on appareille, chacun à sa place.
Tout le long de cette nuit, les chefs de vaisseaux
maintiennent les marins parés à la manœuvre :
et la nuit se passa, sans que la flotte grecque,
385 furtivement, ait risqué de sortie.
Mais quand le jour aux blêmes coursiers[2] envahit
la terre entière avec son plein éclat,
chez les Grecs, d'abord, une clameur éclatante,
pareille à un chant, s'éleva ; tout aussi clair,
390 depuis les rochers de l'île, lui répondit
l'écho. La crainte alors gagna tous les barbares,
désemparés : ce n'était certes pas pour fuir
que les Grecs entonnaient ce péan solennel,

1. Les autels des dieux et les tombeaux des ancêtres sont précisément ce qui, pour un Grec, définissait la cité.
2. Cette dernière exclamation présente une légère ambiguïté dans le texte grec, et l'on pourrait comprendre aussi : « voici la bataille entre toutes ! »
3. Les Phéniciens étaient réputés excellents navigateurs, commerçants et constructeurs de bateaux.
4. *Éperons de bronze* – ou, si l'on essaie de rendre la nuance présente dans l'adjectif composé *khalkostomos*, éperons à bec de bronze. Il s'agissait en fait d'éperons de fer fixés à la proue des navires ; mais la tradition homérique, qui renvoie à des guerres de la fin de l'âge du bronze, fait de ce métal, par excellence, le métal des armes et des armures. Cet usage figuré, de coloration épique, s'est perpétué dans la langue poétique.
5. Eschyle emploie ici une image très familière à son public athénien. Pour pêcher le thon, on postait d'abord un guetteur chargé de repérer les bancs ; à leur approche, on tendait un filet pour les attraper ; et lorsqu'on tirait le filet, les poissons étaient assommés à coups de rame ou de gaffe. Évidemment, il s'agit d'une comparaison infamante pour les Perses. On peut rapprocher cette métaphore d'un oracle reçu par Pisistrate, quand il s'apprête à instaurer par force sa tyrannie à Athènes : « Le filet est jeté, les rets sont tendus. / Les thons s'y jetteront la nuit, à la clarté de la lune » (rapporté par Hérodote, *Histoire*, I, 62).

mais bien en se jetant ardemment au combat.
395 Le son de la trompette enflammait tous les cœurs ;
et aussitôt, des coups sonores de leurs rames,
profondément, ils battent l'écume en cadence.
En un instant tous sont apparus, bien en vue ;
ce fut pour commencer l'aile droite, conduite
400 en bon ordre ; la flotte, ensuite, tout entière
s'avançait, et de toutes parts l'on entendait
ce cri nombreux : « Allez, fils des Grecs ! délivrez
votre patrie, délivrez vos fils et vos femmes,
les autels des dieux de vos pères, les tombeaux
405 de vos aïeux[1] ! c'est pour eux tous qu'il faut se battre[2] ! »
Depuis nos rangs, une clameur en langue perse
leur répondait ; l'instant fatidique était proche.
Alors chaque navire heurta son éperon de bronze
contre un autre. Un vaisseau grec, le premier, lança
410 l'assaut : d'une nef phénicienne[3], il vient briser
toute la proue ; et chacun d'en pointer quelque autre.
Au début, le flot de l'armée perse fit front.
Mais quand fut rassemblée, dans cette passe étroite,
la foule des vaisseaux, bien loin de s'assister,
415 ils s'éventraient l'un l'autre avec leurs éperons
de bronze[4], entrebrisaient leurs rames ; cependant
que les vaisseaux grecs, les cernant adroitement,
les harcelaient. Les carènes se renversaient ;
à peine encor si l'on voyait la mer, parmi
420 toutes ces épaves, tout ce carnage d'hommes ;
des morts partout, sur les rivages, les récifs ;
les vaisseaux fuyaient, en désordre, à toutes rames,
tous – ceux, du moins, de l'expédition des barbares...
Comme des thons[5], ou des poissons pris aux filets,
425 les Grecs, armés de débris de rames, d'épaves,
les frappaient et les éreintaient ; et leurs sanglots,
comme une unique plainte, envahissaient la mer.
À la fin, l'œil noir de la nuit s'en vint tout effacer.
Cette foule de maux, quand je parlerais même
430 dix journées d'affilée, je n'en pourrais venir
à bout : sache-le bien, jamais en un seul jour
n'aura péri une aussi grande foule d'hommes.

1. La reine s'adresse ici au chœur, avant d'interroger de nouveau le messager. Eschyle distingue nettement deux fonctions d'interlocution ; il est vraisemblable qu'Atossa, déjà aux v. 433-434, prenait le chœur à témoin du malheur de l'armée, alors que son dialogue avec le messager se limite à un pur questionnement.
2. Il s'agit de l'îlot qu'Hérodote nomme Psyttalie : chez l'historien, la relation de cet épisode de la bataille de Salamine est fort proche du récit qu'en fait Eschyle. On peut consulter ce texte dans le Dossier, p. 207-209.
3. *Pan*, le dieu des bergers et de la danse (ce pour quoi il est dit *ami des chœurs*), originaire d'Arcadie, s'est déjà affirmé protecteur des Athéniens lors de la bataille de Marathon, comme le rapporte Hérodote (*Histoire*, VI, 105) ; après quoi les Athéniens lui consacrèrent un sanctuaire au pied de l'Acropole, et un culte.
4. Le terme français *prestige*, qui peut dénoter aussi bien la grandeur que le pouvoir magique, tente ici de rendre le double sens du terme grec *kudos* : à la fois la gloire, et la force surnaturelle, le pouvoir irrésistible mais temporaire qu'un dieu concède à un héros pour lui assurer la victoire. Voir sur ce sujet l'étude d'Émile Benveniste, *Le Vocabulaire des institutions européennes*, t. II : *Pouvoir, droit, religion*, Éditions de Minuit, 1969, p. 57-69.

La reine

Aï aï, quelle mer de malheurs a déferlé
sur les Perses, sur toute la race barbare !

Le messager

435 Et pourtant, sache bien que ce n'est pas encore
la moitié même des malheurs : car la souffrance
sur eux s'est appesantie d'un poids redoublé.

La reine

Et pourtant, quel sort pourrait être plus terrible ?
Que me racontes-tu ? quel malheur est venu,
440 dis-moi, sur notre armée peser plus lourd encore ?

Le messager

Ceux des Perses qui étaient en pleine vigueur,
les premiers pour le courage, et par la naissance,
les meilleurs pour leur loyauté à notre chef,
tous ils sont morts, honteusement, d'un sort infâme.

La reine

445 Comme je ressens le malheur d'un tel désastre,
O mes amis[1] ! et de quel sort, dis, sont-ils morts ?

Le messager

Il est une île[2], sise devant Salamine,
petite, malaisée d'abord, dont le dieu Pan[3],
ami des chœurs, arpente les rives marines.
450 Xerxès les avait postés là : quand (pensait-il)
des ennemis naufragés aborderaient l'île,
on tuerait tous ces Grecs sans trop de peine,
tout en sauvant les nôtres des courants marins.
C'était bien mal prévoir ce qui arriverait !
455 Le dieu donna aux Grecs le prestige[4] naval :
ceux-ci, aussitôt, de revêtir leurs cuirasses
de bronze, et de bondir de leurs vaisseaux. Bientôt
ils cernaient toute l'île, et entravaient les nôtres
de quelque côté qu'ils se tournent, leur jetant

1. Hérodote localise plus précisément ce point d'observation (*Histoire*, VIII, 90) : « Xerxès, de sa place au pied de la colline qu'on nomme Aigalée, en face de Salamine »... Plutarque (*Vie de Thémistocle*, XIII) nous apprend même que Xerxès siégeait là sur un trône d'or.
2. Comme on sait, *Marathon* est le lieu de la victoire des Grecs contre les troupes de Darius, au cours de la première guerre médique, en 490 avant notre ère.
3. La *Béotie*, région au nord-ouest de l'Attique.
4. Le texte grec est ici assez obscur, voire très incertain (comme l'indique la lacune du vers suivant, dont l'étendue est d'ailleurs indéterminée). Littéralement, Eschyle parle ici de « l'éclat des sources » : est-ce une périphrase pour désigner un mirage, comme le suggère Victor-Henri Debidour dans sa traduction (in *Les Tragiques grecs*, Le Livre de Poche, coll. « La Pochothèque », 1999) ? Il semble en effet paradoxal que les soldats perses souffrent de la soif auprès des sources. Mais Hérodote donne peut-être la clef de ce petit mystère : « Arrêtés quelque temps en cet endroit où ils se trouvaient mieux ravitaillés que pendant leur retraite, ils se bourrèrent de nourriture sans retenue, et cet excès joint au changement d'eau fit périr encore un bon nombre des survivants » (*Histoire*, VIII, 117).
5. Le *Sperchios* est un fleuve qui coule en Thessalie et se jette dans la mer Égée près des Thermopyles ; la mer forme là un repli, appelé *golfe maliaque*.
6. La *Magnésie* : cette région est une presqu'île au nord de la Thessalie, proche de la Chalcidique.
7. L'*Axios* : fleuve de Macédoine qui se jette dans la mer Égée à Therma.
8. *Bolbé* : lagune ou lac marécageux qui se trouve dans la partie est de la Thessalie, au nord de la Chalcidique.

460 des pierres à toute volée ; des arcs tendus
les flèches s'abattaient, et les tuaient. Enfin,
après s'être rués sur eux d'un seul élan,
ils rouent de coups les malheureux, ils les démembrent,
jusqu'à tant qu'ils leur aient ôté la vie à tous.
465 Xerxès gémit devant cet abîme de maux :
pour voir l'armée entière, il s'était établi
sur un tertre élevé[1], tout auprès du rivage.
Il déchire sa robe et pousse un cri perçant,
jette ses ordres à l'armée des fantassins,
470 puis se lance en une fuite désordonnée.
Tu peux te lamenter sur ce second malheur !

La reine

O daïmon hostile ! que tu as abusé
les Perses en leur cœur ! Mon fils aura cherché,
contre Athènes la glorieuse, une revanche
475 bien amère ! Étaient-ils pas assez nombreux, les barbares
tués à Marathon[2] ? En pensant les venger,
il n'a recueilli que cette foule de maux !
Mais dis, ceux des vaisseaux réchappés d'un tel sort,
où les as-tu laissés ? Peux-tu le dire, au juste ?

Le messager

480 Les chefs des vaisseaux qui restaient, en toute hâte,
poussés par le vent, prennent la fuite en désordre.
L'armée laissée sur la terre de Béotie[3]
a péri : croyant voir miroiter des sources,
certains souffraient de soif[4] ; d'autres, à bout de souffle,
....
485 Nous nous rendons alors vers le sol de Phocide,
la terre de Doride et le golfe maliaque,
plaine baignée par l'onde bienfaisante
du Sperchios[5]. Et puis, de là, la terre d'Achaïe,
les villes de Thessalie qui nous accueillirent
490 faméliques. C'est là que la plupart sont morts,
et de soif et de faim : les deux maux tout ensemble !
On passe ensuite la terre de Magnésie[6],
le pays macédonien, le cours de l'Axios[7],
Bolbé[8], ses marais de roseaux, le mont Pangée,

1. La retraite de l'armée perse, telle que la rapporte le messager, suit un itinéraire qui décrit un arc d'ouest en est, depuis l'Attique (Salamine) jusqu'à Suse, en passant par les régions de Phocide, de Doride, d'Achaïe, de Thessalie, de Magnésie (sur les côtes de Macédoine), le lac Bolbé et le mont Pangée en Édonie (on repérera la plupart des lieux qui servent de jalons sur la carte, p. 245). Les Perses parviennent alors au point le plus septentrional de leur débâcle, en Thrace : dans l'imaginaire gréco-romain, cette contrée apparaît comme un lieu épouvantable, pris dans les neiges et les glaces... Elle inspire à Eschyle l'épisode épique du passage du Strymon gelé, probablement controuvé.
2. Si l'on en croit les historiens, l'armée perse est à ce point de son parcours vers le début du mois de novembre, au plus tard. Le gel subit du fleuve Strymon est donc imprévu pour la saison : Eschyle le présente comme l'effet d'une intervention divine, particulièrement perfide (les Perses croyant trouver ainsi un passage inespéré, qui finalement se dérobe sous leurs pas !).
3. Toute la pièce est animée par une dynamique d'élucidation (que marque l'adverbe *saphôs*, clairement), dont on voit ici un des moments importants : la compréhension véritable du songe prophétique, dont le coryphée avait donné plus haut une interprétation par trop optimiste – comme la reine le lui reproche rudement au vers suivant.
4. On reconnaît ici le *pélanos*, galette rituelle déjà évoquée au v. 204.
5. Le sens de ces deux vers est délicat, et le texte même en est controversé. On a aussi proposé de lire : « Sur les malheurs qui se sont accomplis, / il vous faut apporter vos fidèles conseils. »
6. Les dernières paroles d'Atossa indiquent qu'elle quitte la scène, en craignant que son fils n'attente à ses jours – laissant le chœur déplorer les malheurs que l'on vient d'apprendre, jusqu'à son retour, v. 598, pour procéder aux sacrifices et à l'invocation de Darios.

495 et la terre des Édoniens[1]. Cette nuit-là,
un dieu, lançant un hiver intempestif[2], fige
le cours du Strymon sacré. Tel qui, jusqu'alors,
ne croyait pas aux dieux de se mettre à prier,
de se prosterner devant la terre et le ciel.
500 Quand elle en eut fini de ses invocations,
l'armée s'avance au milieu du fleuve gelé.
Celui qui s'élança juste avant que le dieu
Soleil ne darde ses rayons – le voilà sauf !
Mais le disque brillant, par sa lumière ardente
505 brûle le fleuve de sa flamme, et le disloque :
beaucoup s'y abîment alors, l'un après l'autre –
heureux, qui au plus vite extirpa son souffle de vie !
Enfin, ceux qui en étaient réchappés,
traversant la Thrace à grand'peine et grand effort,
510 sont parvenus, sains et saufs, en tout petit nombre,
sur la terre de leurs foyers : et la cité des Perses
se lamente après sa jeunesse bien aimée !
Telle est la vérité, et j'oublie bien des maux
qu'un dieu a fait s'abattre sur les Perses.

Le coryphée

515 O daïmon implacable ! avec quel poids,
de tes pieds joints, tu as foulé la race perse !

La reine

Hélas, désolation, l'armée anéantie !
O vision de la nuit, apparue dans mon rêve,
comme tu m'as fait voir clairement[3] ces malheurs !
520 Mais que vous en aviez jugé légèrement !
Et pourtant, puisque vous en aviez décidé
ainsi, je veux d'abord adresser des prières
aux dieux, puis, en offrande à la terre et aux morts,
j'apporterai de mon palais une galette[4].
525 Tout est consommé, je le sais ; et cependant
si l'avenir pouvait s'en trouver plus clément ?...
Aux services fidèles du passé,
il vous faut ajouter de fidèles conseils[5] :
si mon fils vient ici paraître devant moi,
530 réconfortez-le, envoyez-le au palais,
crainte qu'un nouveau mal ne s'ajoute à ces maux[6].

1. Eschyle emploie fréquemment, dans cette pièce, des adjectifs composés avec la racine *habro-*, qui signifient languide, languissant, langoureux, lascif..., et qui soulignent toujours l'indolence, ainsi que le raffinement, propres aux Orientaux, aux yeux des Grecs.
2. Ce vers et le suivant se terminent par des interjections douloureuses, *popoï* / *totoï*, proches du *otototoï* que l'on a rencontré au v. 268. Ce procédé reviendra plusieurs fois dans les chœurs de la pièce, au point de suggérer, peut-être, une structure en répons : une partie du chœur répondant au discours de lamentation par ces plaintes qui sont presque des onomatopées. Ce n'est bien sûr qu'une conjecture : mais l'idée d'une scission du chœur en deux demi-chœurs faisant alterner de brèves interventions a été avancée à propos du chœur funèbre qui clôt *Les Sept contre Thèbes* d'Eschyle par quelques philologues, notamment par le grand érudit Wilamowitz (1914). On remarquera, en outre, la symétrie parfaite entre la strophe et l'antistrophe, qui est loin d'être toujours aussi nette : elle est ici soulignée par un subtil jeu d'anaphores et d'épiphores.
3. *Barques* : le texte grec dit *baris*, terme qui désigne précisément une galiote égyptienne. Eschyle, sans doute, a voulu ici opposer aux marins grecs expérimentés les marins d'eau douce que sont pour lui les Orientaux. L'idée était déjà présente au v. 39, où le chœur évoquait les Égyptiens comme des « bateliers des marais ».
4. *Bleu-noir* : l'adjectif de couleur renvoie précisément à l'œil peint sur la proue des navires (voir le v. 81, et la note). *Ailés* évoque poétiquement les rangées symétriques des rames en mouvement, ou bien les voiles de certains des navires.
5. *Ioniens* est ici, par une métonymie fréquente, un synonyme de Grecs ; mais il y a peut-être une allusion discrète – qui sonnerait comme une revanche – à la prise de Milet, dans la région ionienne, par les troupes de Darius. Voir la Présentation, p. 23-24.

Le coryphée

O Zeus, grand roi, qui as détruit
l'armée des Perses orgueilleux
et si nombreux, voici que tu ensevelis
535 les villes de Suse, Ecbatane
dedans une douleur obscure.
De leurs faibles mains, bien des mères
déchirent leurs voiles, tandis
que ruisselantes de larmes,
540 elles trempent leur sein en partageant ce deuil.
En gémissements languissants, les femmes perses
pleurent leurs époux : que le mariage fut court !
Elles quittent leurs lits aux étoffes moelleuses,
plaisirs d'une jeunesse langoureuse[1],
545 pour jeter, affligées, des plaintes infinies.
Et moi, certes, le sort de ceux qui sont partis,
il m'appartient d'en célébrer toutes les peines.

Le chœur

Strophe 1

Ores tout entière gémit
la terre d'Asie, dépeuplée.
550 *Xerxès les aura fait partir,*   hou la[2]
Xerxès les aura fait périr,   la la
Xerxès aura conduit toute cette folie –
lancer des barques[3] *sur la mer !*
Que servait-il donc que Darios
555 *fût ce maître qui maniait l'arc*
si bienveillant pour ses sujets,
monarque bien-aimé de Suse ?

Antistrophe 1

Fantassins comme matelots
sur ces vaisseaux ailés, bleu-noir[4],
560 *sur ces vaisseaux ils sont partis*   hou la
sur ces vaisseaux ils ont péri –   la la
sur ces vaisseaux, victimes d'assauts mortifères,
et puis des bras des Ioniens[5] *!*
Le roi eut peine à s'échapper
565 *lui-même, à ce que l'on raconte,*
à travers les plaines de Thrace
et leurs chemins de mauvais temps.

1. *Las* / *hélas* / *oa*. On retrouve ici un système d'interjections / déplorations en répons, ou en écho ; en grec, *pheu* / *éé* / *oa*.
2. *La fatalité* : en grec, *ananké*. Le terme désigne la nécessité à laquelle tous les êtres, les dieux même, sont contraints d'obéir.
3. *Kykhreus* : fils de Poséidon et de Salamis, il a occis un serpent qui ravageait l'île de Salamine ; un culte lui était rendu sur l'île, dite parfois « kykhréenne ».
4. Le grec donne simplement un adjectif substantivé, *amiantos*, l'Inaltérée, ou l'Incorruptible, pour désigner la mer. On a déjà évoqué le respect religieux des Perses pour la pureté de l'eau (voir la note du v. 202). – Le *peuple sans voix*, la périphrase désigne bien sûr les poissons.
5. On peut lire ici, en filigrane, une référence à la liberté de parole dont jouissaient les citoyens d'Athènes : la *parrhèsia*.
6. On note, évidemment, le contraste entre la modestie de cette petite île, Salamine, et la grandeur passée de la force perse qui y est désormais ensevelie. Cette disproportion frappante est un trait de sublime. Voir la Présentation, p. 66-68.

Strophe 2

    Ceux qui ont péri les premiers,   las[1]
    saisis par la fatalité[2],   hélas
570 *autour des rives de Kykhreus*[3]   oa
ils tourbillonnent désormais. Il faut gémir,
te tourmenter, crier bien haut ;
hurle tes peines jusqu'au ciel,   oa
lance en un râle de souffrance
575 *cette parole de malheur.*

Antistrophe 2

    Le flot cruellement les carde,   las
    pâture du peuple sans voix   hélas
    né de la mer inaltérée[4].   oa
Chaque maison gémit sur qui elle a perdu ;
580 *voyez ces parents sans enfant,*
pleurant leurs peines nonpareilles :   oa
vieux, il leur faut encore apprendre
jusqu'où peut aller la douleur.

Strophe 3

Dans l'Asie, on ne vivra plus
585 *assujetti aux lois des Perses,*
on ne leur acquittera plus
le tribut que l'on doit au maître,
on ne se prosternera plus
pour recevoir leurs ordres, car
590 *la force royale n'est plus.*

Antistrophe 3

Lors pour la langue des mortels
plus d'entrave[5] *: ainsi délié,*
le peuple est libre de parler ;
595 *délié, le joug de la force !*
Et cette terre imbue de sang,
l'île d'Ajax[6], *battue des flots,*
retient ce que furent les Perses.

LA REINE

Amis, quiconque a l'expérience du malheur
sait que, lorsque déferle une vague de maux
600 sur les mortels, on incline à tout redouter ;
mais quand le daïmon file un cours heureux, on croit

1. Voici encore une didascalie interne, en quelque sorte, qui souligne le contraste entre les deux entrées en scène de la reine : tout à l'heure (v. 150), elle arrivait avec tout l'appareil de son rang, et voici qu'elle revient en humble suppliante.
2. *Intact* précise que le vin offert en libation, contrairement à celui que les Grecs buvaient, ne devait être mélangé ni coupé.
3. *L'ombre de Darios* : le grec dit exactement *le daïmon Darios*. Sur ces divinités intermédiaires, intercesseurs entre les mortels et les dieux, voir la note du v. 158.
4. On pourrait traduire aussi : « daïmons sacrés » ; mais l'adjectif grec *hagnos* signifie exactement impur, au sens où, comme l'écrit Jean-Pierre Vernant (*Mythe et société en Grèce ancienne*, La Découverte, 1974), « Les morts souillent les vivants, la Mort les consacre » ; ils sont d'une nature *autre*. Hugo se souvenait peut-être de la formule d'Eschyle quand il l'évoquait, dans « Les Djinns », les « impurs démons des soirs ».
5. *Hermès*, dieu messager et « psychopompe », c'est-à-dire accompagnateur des âmes des défunts aux Enfers.

qu'il soufflera toujours même sort favorable.
Tout, pour moi, désormais, est empli de frayeur :
à mes yeux se fait jour l'hostilité des dieux ;
605 un cri inapaisant résonne à mes oreilles.
Un tel coup du malheur épouvante mon cœur !
Alors, sans char, et sans rien du faste passé[1],
depuis mon palais, j'ai de nouveau parcouru
ce chemin, pour offrir au père de mon fils
610 de ces ferventes libations douces aux morts :
le lait blanc, onctueux, d'une vache intouchée du joug ;
le miel brillant de la butineuse de fleurs,
mêlé au filet d'eau de quelque source pure ;
et ce breuvage encore, intact[2] et lumineux,
615 né d'une vieille vigne, une mère sauvage.
Voici le fruit parfumé de l'olivier blond,
toujours vert de ses feuilles vivaces, et puis
ces fleurs tressées, enfants de la terre féconde...
O mes amis, avec ces libations aux morts,
620 chantons des hymnes favorables ; évoquez
l'ombre de Darios[3], et j'enverrai ces offrandes,
que la terre boira, aux dieux d'en bas.

Le coryphée

Adresse, Reine, femme vénérée des Perses,
ces libations jusqu'aux demeures souterraines ;
625 quant à nous, par nos hymnes, nous demanderons
la bienveillance, au fin fond de la terre,
    de ceux qui conduisent les morts.
O vous, daïmons impurs[4] des profondeurs,
O Terre, Hermès[5], O roi de ceux qui sont en bas,
630 faites remonter son âme vers la lumière.
    Peut-être il sait quelque remède :
quel autre mortel dirait la fin de nos maux ?

Le chœur

Strophe 1

M'entend-il, ce roi bienheureux,
    égal aux dieux,
lorsque je lance ces paroles
635 *barbares, claires, bariolées,*

1. *Aïdoneus* : c'est un autre nom d'Hadès, dieu des morts.
2. *Divin* : les manuscrits donnent « un prince tel que Darios », *oion anaktora*, que plusieurs philologues corrigent en *theion*, avec le sens choisi dans notre traduction.
3. Ici, comme aux v. 663 & 671, Eschyle emploie la forme *Darian(a)*, qui correspond davantage à la sonorité du nom de Darios en langue perse. Sans doute est-ce la solennité de l'invocation qui justifie cet effet.
4. *Ohé* correspond ici à l'interjection *éé*, que l'on avait rendue plus haut, dans un autre contexte, par *hélas* : mais ici, elle a la valeur d'un appel. Voir les notes des vers 550 & 568.
5. *Roi de l'Orient* : notre traduction développe quelque peu l'invocation redoublée *balên, balên*, terme synonyme de « souverain » qui possède pour les Grecs une forte coloration orientale (il s'agit d'un mot hébreu). Victor-Henri Debidour (traduction citée, p. 47) recourt ici au mot *Padischah*...
6. Dans ces détails, on reconnaît quelques traits de couleur locale : voir le Dossier, p. 195-196. Eschyle parle littéralement d'une pantoufle « teinte en safran », couleur qui en Grèce était réservée aux femmes et aux prêtres ; *escarboucle* rend à peu près *phalaros*, qui peut désigner une médaille, ou des pendeloques.
7. *Roi d'entre les rois* : *despota despotân*, formule qui reproduit l'habituel *basileus basiléôn*, titre donné par les Grecs au roi de Perse. Sur le sens précis de cette formule, voir le Dossier, p. 185-186
8. *Venu du Styx* développe *stygios*, qui est à la fois un nom propre (le Styx, fleuve des Enfers), et un adjectif qui signifie sombre, affreux...

>   *tristes, plaintives ?*
>   *Je crierai mes peines sans fin :*
>   *des profondeurs*
>   *est-il possible qu'il m'entende ?*

                                                            Antistrophe 1

> 640   *Allons, la Terre, ainsi que vous,*
>   *princes chtoniens,*
>   *laissez monter de vos demeures*
>   *l'ombre glorieuse,*
>   *le dieu des Perses, né à Suse ;*
>   *conduisez jusqu'en haut cet homme*
> 645   *tel que jamais*
>   *N'en recouvrit la terre perse.*

                                                            Strophe 2

>   *Comme ce héros nous est cher,*
>   *et ce tombeau qui garde sa chère âme !*
>   *Aïdoneus*[1]*, guide des morts*
> 650   *vers la lumière, Aïdoneus,*
>   *laisse remonter le divin*[2] *prince, Darian'*[3].   *ohé*[4] *!*

                                                            Antistrophe 2

>   *Lui n'a pas fait périr tant d'hommes*
>   *dans les combats, par des revers fatals.*
>   *Il était l'inspiré des dieux,*
> 655   *disaient les Perses, et de vrai*
>   *c'est inspiré des dieux qu'il a mené l'armée.*   *ohé !*

                                                            Strophe 3

>   *Roi ancien, roi de l'Orient*[5]*,*
>   *allons, allons, reviens-t'en*
>   *au sommet de ce tombeau ;*
> 660   *hisse ta babouche safran,*
>   *et fais briller l'escarboucle*
>   *coiffant ta tiare royale*[6]*.*
>   *Viens, père bienveillant, Darian' !*   *oï*

                                                            Antistrophe 3

>   *Pour entendre ces souffrances*
> 665   *nouvelles tant qu'inouïes,*
>   *roi d'entre les rois*[7]*, parais !*
>   *Un brouillard venu du Styx*[8]
>   *tombé sur notre jeunesse*
> 670   *l'aura fait se perdre, toute.*
>   *Viens, père bienveillant, Darian' !*   *oï*

1. Ici, deux ou trois vers mutilés, où surnagent seulement quelques mots sûrs : *est-il possible, est-il possible / maître, qu'une double erreur...*
2. Le grec dit, avec une construction saisissante en sa brièveté : *naes anaes anaes*, c'est-à-dire le terme désignant le navire trois fois répété, les deux dernières précédé d'un *a* privatif. Cette figure d'« acuité » se retrouve souvent dans la tragédie grecque. Chez Eschyle encore, dans *Les Euménides* (v. 457) : *apolin Iliou polin*, « Ilion, cité qui n'est plus une cité », dit Oreste à Athéna. Chez Sophocle, qui cite un vieux dicton dans *Ajax* (v. 665) : *ekhthrôn adôra dôra*, « présents des ennemis, qui ne sont pas des présents ».

Épode

*Aï aï aï aï
O toi dont la mort a tant fait pleurer les tiens,*
....
.... ¹
*pour tout notre pays
ils sont perdus, ces vaisseaux à trois rangs de rames,*
680 *vaisseaux, qui ne sont plus vaisseaux, qui ne sont plus* ²...

L'ombre de Darios

Fidèles parmi les fidèles, compagnons
de ma jeunesse, vieillards perses... quelle peine
pèse sur la cité, qui gémit, se contrit,
tant, que le sol s'entrouvre ? En voyant ma compagne
685 près du tombeau, bouleversé, j'ai accueilli
vos libations : et vous chantez des chants funèbres,
vous lancez auprès de ma tombe de ces plaintes
qui attirent les âmes, et vous m'appelez
piteusement. On ne peut sortir qu'avec peine ;
690 les dieux d'en bas saisissent plutôt qu'ils ne lâchent.
Pourtant, j'ai su obtenir d'eux la permission :
et me voici. Vite, on m'accorde peu de temps.
Quel nouveau malheur s'appesantit sur les Perses ?

Le chœur

Je frémis rien que de te voir,
695 *Je frémis rien qu'à te répondre,
saisi par le respect ancien que j'ai pour toi.*

Darios

Allons, je suis monté, décidé par vos plaintes :
alors, pas de trop longs discours, parle bref, et dis vite
tout ce qu'il y a à dire, en laissant le respect.

Le chœur

700 *Je redoute de t'obéir,
Je redoute tant de te dire
ce qui est si pénible à dire à des amis.*

1. Darios change ici d'interlocuteur : il laisse de côté le coryphée, paralysé par le respect, pour s'adresser à la reine. Eschyle s'applique à justifier l'introduction d'un second acteur dans les tragédies (voir la *Vie anonyme d'Eschyle*, p. 85, et la Présentation, p. 61-63).
2. Le terme *loimos* renvoie souvent, chez les Tragiques, à la stérilité de la terre ou des femmes, à la famine ou la naissance d'enfants monstrueux (voir Marie Delcourt, *Stérilités mystérieuses et naissances maléfiques dans l'Antiquité classique*, 1938, rééd. Les Belles Lettres, 1986). On voit que Darios ne soupçonne pas encore que le malheur qui s'est abattu sur son peuple est un désastre militaire.

Darios

Puisqu'une crainte ancienne en ton cœur te retient,
allons, toi[1], ma noble compagne de jadis,
705 cesse là tes pleurs et tes plaintes ; parle clair.
Des fléaux humains guettent toujours les mortels :
depuis la mer, depuis la terre, mille maux
les atteignent, pour peu que s'étende leur temps de vie.

La reine

Toi qui connus, entre les mortels, par un destin favorable,
710 la plus haute prospérité, tu as vécu, sous le soleil,
un temps heureux, tel un dieu, envié des Perses ; et pourtant
je t'envie d'être mort sans avoir vu cet abîme de maux.
De tout cela, Darios, écoute le récit, brièvement.
S'il faut le dire ainsi, elle est perdue, la puissance des Perses.

Darios

715 Comment ? quelle calamité[2] frappe la cité ? quel désordre ?

La reine

Rien de tel : c'est près d'Athènes que l'armée a été détruite.

Darios

Mais lequel de mes fils faisait expédition là-bas ? Explique.

La reine

L'ardent Xerxès – en dépeuplant toute la plaine de l'Asie.

Darios

Le malheureux ! Sur la terre ou la mer,
                          [cette folle entreprise ?

La reine

720 Les deux : nos deux armées
                      [étaient engagées sur un double front.

1. *Bosphore* : c'est la première fois, dans la pièce, que ce détroit est nommé ; en grec il signifie « le passage de la vache », et évoque le passage de Io (transformée en génisse par Zeus) fuyant le taon dont la jalouse Héra la persécutait. Ce rappel étymologique et mythologique motive encore davantage la métaphore du joug, que l'on retrouve par deux fois dans le dialogue entre Darios et la reine (au vers précédent, et au v. 736, dans les verbes *subjuguer* et *conjuguer*). Quand Eschyle emploie ici le mot Bosphore, c'est plutôt comme un synonyme d'Hellespont (*cf.* v. 745-746) que dans le sens géographique précis (qui désigne le détroit circonscrit par la côte méridionale de la Thrace et l'Asie Mineure).
2. Le saisissement de Darios devant l'audace d'une telle entreprise, fermer le Bosphore, est contredit par la réalité historique : à en croire Hérodote, Darius avait en effet déjà conçu lui-même le projet de « jeter un pont sur le Bosphore de Thrace » (*Histoire*, IV, 83), plus tard accompli par son fils.

Darios

Mais comment a-t-elle traversé,
	[notre immense armée de terre ?

La reine

Subjuguant le détroit d'Hellé,
	[Xerxès s'est construit un passage !

Darios

Il a donc accompli cela – il a fermé le grand Bosphore[1] ?

La reine

C'est bien ce qu'il a fait.
	[Mais quel daïmon a saisi son esprit !

Darios

725 Ha ! un puissant daïmon,
	[pour aveugler ainsi son jugement[2] !

La reine

Il n'est que de voir les effets, et tout le mal qu'il a causé.

Darios

Mais que leur est-il arrivé, que vous vous lamentiez ainsi ?

La reine

La flotte mise à mal causa la perte de l'armée de terre.

Darios

Ainsi, c'est tout entier que notre peuple a péri sous la lance ?

La reine

730 Oui : toute la ville de Suse se lamente, dépeuplée...

1. *Ho la la* rend l'interjection *Ô popoï*.
2. Le sens de cette dernière proposition est très conjectural, et le texte lui-même peu assuré. On a pu comprendre aussi : « il n'y aura plus de vieillards » (puisque toute la jeunesse a péri – *cf.* le vers suivant), ou bien « il ne reste pas même un vieillard », ce qui paraît peu cohérent. L'option que nous avons retenue trouve son écho au v. 914.

DARIOS

Ho la la [1], notre soutien valeureux, notre armée protectrice !

LA REINE

... quant au peuple de Bactre – anéanti :
                          [seuls restent les vieillards [2] !

DARIOS

Ho malheureux, la belle jeunesse alliée qu'il a fait périr !

LA REINE

Et seul Xerxès, dit-on, isolé, avec très peu de soldats...

DARIOS

735 Comment et où cela va-t-il finir ? Et pour lui, quel salut ?

LA REINE

... a pu rejoindre, par bonheur,
                      [le pont conjuguant les deux terres.

DARIOS

Il est arrivé sain et sauf sur le continent ? Est-ce vrai ?

LA REINE

C'est ce que l'on m'a rapporté,
                      [cela ne fait plus aucun doute.

DARIOS

Hélas ! comme ils se sont vite réalisés, tous ces oracles
740 dont Zeus, sur mon fils, a fait tomber l'accomplissement !
                      [Pour moi,
j'avais espoir que les dieux tarderaient à les réaliser.
Mais qui se hâte vers sa perte,
                      [il trouve un dieu pour l'assister !
On dirait que les miens ont su trouver
                      [la source du malheur !
Mon fils, cet inconscient, aura agi en jeune téméraire :
745 il s'est flatté de contenir le cours de l'Hellespont sacré,

1. Pour les Grecs, toutes les forces de la nature, les fleuves, les mers, les montagnes, sont en effet des divinités.
2. Eschyle emploie ici le verbe *metarhythmizein*, peu courant, qui signifie littéralement changer le nombre, changer la mesure de quelque chose. Il peut être investi d'un sens positif (transformer, améliorer) ; mais ici, Darios l'emploie pour condamner la façon dont Xerxès a perturbé l'harmonie de la nature. L'évocation du pont de navires passe par le terme *méchanè* (v. 722 ; voir déjà au v. 113), qui exprime nettement le caractère artificiel de la construction.
3. *Poséidon*, comme l'on sait, est pour les Grecs le dieu de la mer.
4. Sur la politique conquérante de Darius, voir le Dossier, p. 183-185, et la Présentation, p. 23-24.
5. *Chez soi* : en grec, *endon*, littéralement *à l'intérieur*. Faut-il comprendre que Xerxès n'est qu'un guerrier « en chambre » (et il y a peut-être là un souvenir des sarcasmes adressés par Hector à Pâris, *Iliade*, III, v. 39 *sq.*), ou bien que, trop timoré, il n'a pas poursuivi au-delà des limites du royaume la politique d'expansion et de conquête de Darius ?
6. Une incertitude grammaticale dans le texte grec partage ici les philologues : l'agent de l'acte terrible et mémorable dont il est question dans ce vers, le pronom *sphin*, est-il au singulier (renvoyant à Xerxès) ou bien au pluriel (désignant les conseillers) ? Notre traduction évite cette alternative en conjoignant les responsabilités de l'un et des autres.
7. *Médos* : comme on le devine, il s'agit de l'ancêtre – mythique – du peuple mède, jadis conquis et annexé par les Perses. On ignore tout à fait qui pouvait être le fils de Médos évoqué au v. 766. Cyrus (v. 768) est quant à lui bien connu par les récits d'Hérodote : il a étendu la domination perse en Asie Mineure, en particulier en soumettant Crésus, roi des Lydiens. Eschyle ne s'étend guère sur son fils Cambyse, atteint de démence, qu'il ne nomme même pas (v. 773). Mardis (v. 774), ou Smerdis, fils cadet de Cyrus, avait été exécuté sur les ordres de Cambyse : il ne régna donc pas lui-même, mais son identité fut usurpée quelque temps par un Mage (d'où l'indignation de Darios au v. 775) qu'une conjuration allait renverser à son tour.

de ce Bosphore où coule un dieu[1],
   [comme un esclave dans des liens !
La passe, il l'a dénaturée[2], enserrée d'entraves forgées,
fabriquant ainsi un chemin immense pour l'immense armée.
Simple mortel, il s'est imaginé qu'il vaincrait tous les dieux,
750 et Poséidon[3] même – l'imprudent !
   [Comment est-il possible ?
Il faut que la démence ait possédé mon fils !
   [Ha, ces richesses,
fruits de mes efforts, seront, je crains,
   [la proie du premier venu.

LA REINE

C'est auprès de méchants hommes qu'il prend conseil,
   [l'ardent Xerxès !
Ils répètent que toi, la richesse immense de tes enfants,
755 tu l'as conquise à la pointe des armes[4] :
   [mais que lui, le lâche,
il reste à se battre chez soi[5], sans accroître cette richesse.
Comme sans cesse il entendait
   [les sarcasmes de ces méchants,
il a arrêté le chemin de cette expédition en Grèce.

DARIOS

Ha vraiment, ce que tous[6] ils ont fait est si grave,
760 que l'on s'en souviendra toujours : car jamais rien de tel
n'est venu dépeupler notre ville de Suse,
depuis que Zeus a octroyé à un seul homme
un tel honneur : commander à toute l'Asie
riche en brebis, et la régenter par le sceptre.
765 Médos[7] fut le premier chef de ce peuple en armes.
Après, l'un de ses fils poursuivit son dessein :
en effet la raison gouvernait sa vaillance.
Le troisième qui commanda, l'heureux Cyrus,
instaura la paix pour tous les siens, et conquit
770 les peuples lydien et phrygien : il sut dompter
de force toute l'Ionie ; c'est que le dieu
ne lui fut pas hostile, car il était sage.
Le fils de Cyrus fut le quatrième
à diriger l'armée ; le cinquième, Mardis

1. De nombreux philologues invitent à supprimer ce vers, qui leur paraît interpolé dans le texte d'Eschyle : ni Maraphis ni Artaphrénès ne figurent dans la dynastie des rois perses que nous ont conservée les inscriptions de Behistun. Mais d'autres suggèrent qu'Eschyle aurait inséré ici la liste des conjurés (*cf.* Hérodote, *Histoire*, III, 70-88), qui étaient précisément sept en comptant Darius : d'où une possible confusion avec la série des rois. Quoi qu'il en soit, le texte paraît ici sujet à caution.
2. Les conjurés avaient en effet décidé que le pouvoir reviendrait à l'un d'eux, choisi par un tirage au sort : le premier dont le cheval hennirait, au cours d'une promenade au lever du soleil, recevrait la royauté (Hérodote, *Histoire*, III, 84-88).
3. Une idée analogue a été exprimée par Platon dans le *Ménexène* (237d) : la terre est une mère pour les Athéniens, qui les nourrit parfaitement. En revanche, elle ne nourrit pas l'ennemi, montrant par là qu'il n'a pas sa place chez elle. Hérodote (*Histoire*, VII, 49) rapporte aussi l'avertissement du fier Artaban à son neveu Xerxès : il faut se garder de deux périls, la mer et la terre ; la terre est ennemie, parce que des conquêtes toujours plus étendues entraîneront la famine de l'armée.

775 – honte pour la patrie et les règnes anciens ! –
le noble Artaphrénès, par ruse, le tua
dans son palais, aidé par d'autres conjurés.
[Maraphis fut le sixième, Artaphrénès le septième[1] ;]
enfin, ce sort convoité me revint[2].
780 J'engageai une grande armée dans de grandes campagnes,
sans attirer pourtant un tel malheur sur la cité.
Xerxès, mon fils, est jeune : en ses jeunes pensées
il ne se souvient pas de mes conseils.
Soyez-en sûrs, mes compagnons d'âge : nous tous,
785 qui avons tenu ce pouvoir, nous ne saurions
prétendre, ensemble, avoir causé si grands fléaux !

Le Coryphée

Que dis-tu là, seigneur Darios ? Quelle est la fin
où tendent tes discours ? Au point où nous en sommes,
comment agirons-nous au mieux, nous peuple perse ?

Darios

790 Il ne faut plus mener d'expédition en Grèce,
quand même l'armée mède serait plus nombreuse :
là-bas, la terre même est pour eux une alliée[3].

Le Coryphée

Qu'est-ce à dire ? Comment combat-elle pour eux ?

Darios

En affamant à mort les armées trop nombreuses.

Le Coryphée

795 Hé bien nous n'armerons qu'une troupe d'élite.

Darios

Même l'armée qui reste encor sur le sol grec
ne trouvera jamais le salut du retour.

1. Comme au v. 739, Eschyle fait ici allusion aux oracles que Darius a reçus de Phinée, roi de Thrace : ces oracles ne sont pas évoqués plus précisément dans notre pièce, mais on suppose qu'ils étaient exposés dans la première pièce de la tétralogie des *Perses*. Voir la Présentation, p. 35.
2. Dans le texte grec, la construction présente une ambiguïté : le mot *engrais*, *piasma*, peut aussi bien qualifier le fleuve qui fertilise la Béotie que les dépouilles des soldats jonchant le sol – ce pour quoi, peut-être, Darios qualifie cet engrais de *précieux* (*philon*).
3. *Présomption*, dans notre traduction, rend le terme-clef d'*hybris* : c'est la faute majeure du héros tragique, mortel qui rêve d'outrepasser sa condition humaine dans un orgueil démesuré. Prométhée, se hissant jusqu'à l'Olympe pour dérober le feu de Zeus, est l'emblème de cette *hybris*. Voir la Présentation, p. 54-56, et le Dossier, p. 219-225.
4. Pour les Grecs, la hiérosulie, ou vol des objets sacrés, constitue une des pires fautes que l'on puisse commettre.
5. *Les sanctuaires des daïmons* : les mots qu'Eschyle emploie ici, *daïmônon hidrumata*, ont été compris de plusieurs façons : soit, de nouveau, comme les statues des divinités ; soit comme le lieu, dans le temple, qui abrite ces statues (la *cella*) ; soit enfin comme les enclos funéraires dédiés aux héros – devenus des daïmons après leur mort.
6. Le texte grec de ce vers n'est pas sûr, avec une incertitude sur le mot *krènis/krèpis*, la source ou bien la base, qui affecte tout le contexte. On a pu aussi bien comprendre : « le socle, inachevé, s'en édifie encore. »
7. *Offrande* traduit ici *pélanos*, la galette rituelle dont on se souvient qu'elle était aussi bien une sorte de bouillie (*cf.* v. 204). Il était difficile de conserver en français toute la force saisissante de l'image.
8. Les Doriens, ce sont les Spartiates ou les Lacédémoniens, dont l'infanterie, emmenée par Pausanias, s'est illustrée à Platée. Voir Hérodote, *Histoire*, IX, 61.
9. C'est le lieu de la troisième grande victoire grecque (après Marathon et Salamine) : Mardonios, général laissé en arrière par Xerxès, y sera défait avec ses troupes.
10. *Aveuglement* : le terme grec est ici *atè*, que l'on a déjà rencontré comme nom propre, en personnification de l'Erreur (v. 99).
11. Cette réflexion fait écho à une anecdote rapportée par Hérodote (*Histoire*, V, 105) : Darius « donna l'ordre à l'un de ses serviteurs de lui répéter trois fois à chaque repas ces mots : "Maître, souviens-toi des Athéniens !" ».
12. Eschyle ménage ainsi la sortie de la reine : peut-être pour des considérations de mise en scène, comme on l'a souvent avancé, puisque le même acteur incarnait Atossa et Xerxès, qui va bientôt paraître, et dont l'entrée vient même d'être préparée. En vérité, le retrait de la reine s'explique aussi par des raisons esthétiques et morales : afin de montrer, dans le chœur final, Xerxès dans toute sa solitude et son désarroi, sans nulle présence consolatrice.

Le Coryphée

Comment ? toute l'armée des barbares n'a pas
quitté l'Europe en passant le détroit d'Hellé ?

Darios

800 Juste un petit nombre d'entre eux, s'il faut en croire
les oracles[1] des dieux – à voir ce qui déjà s'est accompli :
il ne se peut que certains se réalisent, mais pas les autres.
De sorte que l'élite de l'armée, en masse,
Xerxès l'aura abandonnée là-bas, bercé
805 d'un vain espoir, dans la plaine que l'Asopos
baigne de ses eaux – précieux engrais[2] pour la Béotie.
Or là les guette encor l'apogée de leurs maux –
prix de leur présomption[3], de leurs pensées impies.
Car les soldats, en terre grecque, sans scrupule,
810 ont pillé[4] les statues des dieux, brûlé les temples,
fait disparaître les autels ; les sanctuaires[5]
des daïmons sont épars, renversés de leurs socles...
S'ils ont fait tout ce mal, ils subissent des maux
qui ne sont pas moindres – et d'autres se préparent :
815 leur source ne s'épuise, elle jaillit encore[6].
Quelle offrande[7] de sang les lances des Doriens[8]
s'en vont répandre sur la terre de Platée[9] !
Pour trois générations, ces monceaux de cadavres
témoigneront muettement aux yeux des hommes
820 qu'un mortel ne doit pas viser plus haut que lui.
La présomption, en fleurissant, donne un épi
d'aveuglement[10], et l'été moissonne des larmes...
Considérez ces actes, et leur châtiment,
et souvenez-vous bien d'Athènes[11], de la Grèce ;
825 que nul, dédaigneux de son sort présent, n'aspire
au-delà, et renverse une grande prospérité.
Zeus, punisseur, tient des comptes sévères :
il s'abat sur les pensées par trop orgueilleuses.
À Xerxès, cet irréfléchi, allez souffler
830 des conseils raisonnables : qu'il n'offense plus
les dieux par une témérité orgueilleuse.
Quant à toi, vieille mère chérie de Xerxès,
rentre au palais[12], prépare un bel habit, qui soit
digne de ton fils, et va-t'en à sa rencontre :
835 dans la douleur de tels malheurs, ses vêtements

1. Le spectre de Darios prend congé avec une réflexion morale sur la vanité de toute richesse, et une invite à jouir des plaisirs de la vie, très proches des inscriptions que l'on gravait sur les tombeaux. Certains ont vu dans le dernier vers un jeu de mots entre la richesse (*ploutos*) et l'un des noms du dieu des Enfers, Pluton (*Ploutôn*).
2. *Hou la la* rend ici le grec *Ô popoï*.
3. Le texte d'Eschyle est ici très difficile à interpréter. La traduction que nous proposons s'inspire de la glose d'un scholiaste, qui note que du temps de Darius les armées en guerre ne s'attaquaient pas aux lieux sacrés, sanctuaires et tombeaux, comme le fit Xerxès (voir les v. 809-812). On pourrait aussi comprendre ainsi le v. 859 : « selon notre art de la guerre », c'est-à-dire la technique des sièges élaborée par les Perses (voir note du v. 107). Il y a d'autres interprétations, fondées sur des lectures très différentes, qui évoquent le « rempart des lois », ou des règlements de l'armée perse, ou bien encore les lois (civiles) inscrites sur les remparts de leurs cités...
4. L'*Halys* était le fleuve qui délimitait les frontières de la Perse et de la Lydie, plus à l'ouest. Autrement dit, Darius a mené ses conquêtes sans quitter le cœur de son royaume, en dépêchant des généraux à la tête de ses armées.

chamarrés flottent sur lui, tout déchirés en lambeaux.
À toi de l'apaiser par de douces paroles :
toi seule, je le sais, il voudra t'écouter.
Moi, je rentre sous terre, au tréfonds des ténèbres.
840 Adieu, Vieillards : et que même parmi les maux
votre âme accueille les plaisirs de chaque jour –
car pour ceux qui sont morts, de quoi sert la richesse[1]...

Le coryphée

Que j'ai souffert, en entendant tous ces revers,
présents et encore à venir, pour les barbares !

La reine

845 O, daïmon ! comme m'atteignent les souffrances
de tels malheurs ! Mais je sens surtout la morsure
de cette épreuve : un vêtement de déshonneur,
à ce que j'apprends, couvre le corps de mon fils !
Allons prendre un bel habit dans le palais, puis
850 tâchons de le trouver : non, l'être le plus cher
parmi les malheurs, nous ne le trahirons pas.

Le chœur

Strophe 1

Hou la la[2], de quelle vie, grande et bonne,
  on vivait dans nos villes,
  du temps que le vieux roi,
855 *tout-puissant bienveillant et victorieux*
  Darios, égal aux dieux,
  gouvernait le pays.

Antistrophe 1

On voyait alors nos armées glorieuses
  assiéger les ennemis
860 *selon les lois de la guerre[3] ;*
et les retours des combats, sans souffrance
  ni peine, rendaient les hommes
  à leurs maisons heureuses.

Strophe 2

865 *Combien de cités il a prises,*
  sans franchir le cours de l'Halys[4],

1. Voir la note du v. 497. Les érudits ont de la peine à identifier précisément les cités ici évoquées : sans doute se situent-elles à l'embouchure du Strymon.
2. Ces *bourgades* sont plus précisément, selon le terme grec *épauloi*, des groupes de cabanes sur pilotis, habitats précaires.
3. *Cités ceintes de remparts* contraste avec les premières prises de Darius évoquées dans la strophe précédente, des bourgades non fortifiées. Il y a un net effet de gradation.
4. *La Propontide* : il s'agit de la mer intérieure qui s'étend entre les détroits de l'Hellespont et du Bosphore, à l'ouest du Pont-Euxin. Pour visualiser plus précisément ces notations géographiques, on se reportera à la carte, p. 245.
5. Eschyle évoque maintenant, parmi les conquêtes de Darius, des îles proches des côtes de l'Asie Mineure (Lesbos, Samos, Chios) ; il en viendra aux Cyclades (Paros, Naxos, Mykonos, Ténos, Andros), plus proches de l'Attique, et enfin, dans la strophe suivante, aux îles de haute mer (Lemnos, au cœur de la mer Égée ; Rhodes, Chypre).
6. *Le pays d'Ikaros* : c'est-à-dire l'Icarie.
7. *Cnide* : ville ionienne de la côte sud de l'Asie Mineure.
8. *Paphos, Soles et Salamine* : ce sont trois villes de l'île de Chypre. Paphos est un célèbre sanctuaire d'Aphrodite ; *Salamine* est une ville fondée par Teucer, frère d'Ajax, banni de l'*île* de Salamine – celle-là même qui vient d'être fatale à Xerxès : d'où le commentaire qui suit.

>   sans devoir quitter son foyer :
>   ainsi de ces villes lacustres
>   qui bordent les eaux du Strymon¹,
> 870 voisines des bourgades² thraces.

Antistrophe 2

>   Hors de ce lac, en terre ferme,
>   les cités ceintes de remparts³
>   à ce maître aussi se pliaient ;
> 875 celles des bords du vaste Hellé,
>   du golfe de la Propontide⁴,
>   et de l'estuaire du Pont.

Strophe 3

>   Et puis ces îles, promontoire
> 880 lié encore à cette terre⁵,
>   s'avançant dans les flots marins :
>   Lesbos, Samos aux oliviers,
>   et Chios et Paros et Naxos,
> 885 Mykonos touchant à Ténos,
>   et sa proche voisine Andros.

Antistrophe 3

>   Il commandait aussi ces îles
>   du grand large, au milieu des mers :
> 890 Lemnos, le pays d'Ikaros⁶,
>   Rhodes et Cnide⁷, et les villes de Chypre,
>   Paphos, Soles et Salamine⁸,
>   dont maintenant la métropole
> 895 est l'origine de nos plaintes.

Épode

>   Sur les cités des Ioniens,
>   opulentes et populeuses,
>   il régnait en toute sagesse ;
> 900 avec l'appui infatigable
>   d'hommes équipés pour la guerre,
>   d'alliés de toutes origines.
>   Depuis, les dieux, sans équivoque,
>   ont renversé le cours des choses,
> 905 nous font souffrir dans les combats ;
>   nous voici grandement domptés
>   par ces désastres sur la mer !

1. *Hou la la la* : *ototoï*, en grec.
2. La leçon du texte grec est ici difficile à interpréter : les manuscrits donnent *agdabatai phôtès*, « combattants agdabates ». Cet adjectif paraît formé pour désigner une partie, d'importance indéterminée, de l'Empire perse : *cf*., au v. 960, parmi les noms des défunts généraux, celui d'Agabatas, et le nom de la ville d'Ecbatane (*Agbatana*, en grec). Notre traduction donne une approximation de cette lecture. Mais on a aussi proposé de lire à la place l'adjectif *habrobatai*, qui dénote la langueur propre aux Orientaux, dans l'imaginaire grec (voir la note du v. 544), ou encore *hadobatai*, « qui s'en va dans l'Hadès », en écho au vers précédent.
3. *Hou la* : *oïoï*.

XERXÈS

Hélas !
Malheureux que je suis – O quel destin funeste,
910 imprévisible, m'est échu ! Que le daïmon,
cruellement, a fondu sur la race perse !
  Que dois-je souffrir, misérable ?
La vigueur de mes membres s'est anéantie,
à voir le grand âge des habitants qui restent
915 dans la ville... Ha, Zeus, que n'ai-je été, moi aussi,
avec tous les hommes qui sont partis,
enseveli par ce destin de mort !

LE CORYPHÉE

Hou la la la[1], roi ! cette belle armée,
et cette gloire immense, l'empire des Perses,
920   et tous ces splendides guerriers
    que le daïmon vient de faucher !

LE CHŒUR

Prélude

La terre hurle sur la jeunesse
issue de cette terre, et que Xerxès a massacrée –
Xerxès qui a repu l'Hadès de tant de Perses !
925 *La fleur de ce pays, tant de guerriers d'Orient*[2]
redoutables par l'arc, en rangs serrés,
  par milliers d'hommes ils sont morts.
  Aïaï, aïaï, notre splendide force !
  Le sol d'Asie, O roi de cette terre,
930 *piteusement, piteusement, a fléchi le genou.*

XERXÈS

Strophe 1

Hou la[3], *me voici, lamentable,*
moi qui suis devenu un mal
pour la race des miens, la terre de mes pères.

1. Les Mariandyniens étaient un peuple du nord de la Bithynie, sur la rive sud du Pont-Euxin. Ils étaient fameux pour leurs chants funèbres saisissants – qui avaient probablement tout l'expressionnisme encore attaché au deuil oriental. Selon un scholiaste du texte d'Eschyle, ils possédaient une flûte particulière – émettant sans doute un sifflement très aigu – pour accompagner ces lamentations.
2. La traduction explicite quelque peu le texte grec, elliptique jusqu'à l'obscurité dans cette strophe. Eschyle parle de l'« Arès des Ioniens », pour dire Arès – personnification du combat – favorable aux Grecs ; Arès qui a ravi, qui a pris – sous-entendu : la vie des Perses. Nous avons rendu ce sens par le verbe *moissonner*, appelé d'ailleurs par l'image du v. 953.
3. Cet Arès, ou ce combat, est dit dans le second vers de la strophe « défendu par des vaisseaux » (*nauphraktos*), manière de rappeler que c'est par un combat *naval* que les Grecs l'ont emporté. Le terme fait penser à un oracle auquel Plutarque fait allusion dans sa *Vie de Thémistocle* (X, 3) : les Grecs seront défendus contre les Perses par une « muraille de bois », que Thémistocle interprète comme les vaisseaux de la flotte athénienne.
4. *Hou la la* : oïoïoï – et même au v. 967.
5. Cette injonction n'est pas destinée à Xerxès : selon toute apparence, les vieillards du chœur se l'adressent les uns aux autres.
6. Eschyle reprend, dans ces deux strophes composées sur le mode de l'*ubi sunt*, des noms énumérés dès l'ouverture : Pharandakès (v. 31), Sousiskanès (v. 34), Ariomardos (v. 37), Tharybis (v. 51). De ceux qui apparaissent ici pour la première fois, on n'en reconnaît pas qui soit attesté historiquement ; Eschyle semble former des noms de consonance perse (Agabatas, Ariomardos...), égyptienne (Memphis, Tharybis), en s'inspirant souvent de noms de lieux. Lilaïos paraît être un nom grec – et il y avait effectivement des Grecs d'Asie dans l'armée de Xerxès ; on peut soupçonner aussi que ce nom soit une mauvaise lecture pour *Imaïos*, mentionné au v. 31.

Le chœur

935 *Je lancerai, pour accueillir*
ton retour, un cri de malheur,
lancerai la plainte affligée
du pleureur de Mariandynie[1]*,*
940 *cri de douleur mêlé de larmes.*

Xerxès

Antistrophe 1

Lancez votre chant de douleur
et de souffrance et de malheur,
puisque le daïmon s'est retourné contre moi.

Le chœur

Je les chanterai, ces souffrances,
945 *ces neuves douleurs, le fracas*
des ces coups essuyés en mer :
pleurant ma cité et ma race,
je lancerai la plainte où se mêlent des larmes.

Xerxès

Strophe 2

950 *Moissonnant pour les Ioniens*[2]*,*
grâce aux vaisseaux[3] *des Ioniens,*
Arès, donnant la force à un seul camp,
a arasé les eaux de nuit,
ainsi que le fatal rivage.

Le chœur

955 *Crie, hou la la*[4]*, et interroge*[5] *:*
ceux qui restent de tous les nôtres,
où sont-ils ? Mais où sont-ils donc,
tes lieutenants ? Pharandakès,
Sousas, Pelagôn, Dotamas,
960 *et Agabatas et Psammis,*
et Sousiskanès d'Ecbatane[6] *?*

1. *Hou la la* : *iô iô*.
2. *Ha la la* : *êê êê*.
3. *Œil fidèle* correspond ici à un titre de fonction : chez les Perses, l'« Œil » du roi était un haut fonctionnaire chargé de la surveillance d'une satrapie, et aussi, sans doute, une sorte d'agent secret. Le sens de ces vers est de toute façon hypothétique, étant donné la lacune au v. 982 ; en outre les noms de Bathanôkhos et d'Alpistos sont très douteux – on a proposé de lire, au lieu de ce dernier, l'adjectif *alpnistos*, agréable...

XERXÈS

Antistrophe 2

Je les ai laissés, disparus,
alors que d'un vaisseau tyrien
ils s'en allaient à la dérive
965 *vers les rives de Salamine,*
se heurtant au rude rivage.

LE CHŒUR

Hou la la, où est Pharnoukhos,
et le vaillant Ariomardos,
où est le prince Seuakès ?
970 *Lilaïos de haute lignée,*
Memphis, Tharybis, Masistras,
Artembarès et Hystaikhmas,
où sont-ils ? Je te le demande.

XERXÈS

Strophe 3

Hou la la[1]*, misère de moi !*
975 *Tous ils l'ont vue, l'antique et détestable Athènes,*
et maintenant, les malheureux, frappés d'un coup,
ha la la[2]*, pantelants, ils gisent sur ses grèves !*

LE CHŒUR

Et puis ton Œil toujours fidèle[3]*,*
qui dénombrait là-bas les Perses
980 *par milliers et par milliers,*
le fils de Bathanôkhos, Alpistos
....
le fils de Sésamas fils de Mégabatès,
Parthos et le grand Oibarès,
985 *tu les as laissés – les as laissés ? O misère !*
Aux nobles Perses, tu annonces
les malheurs d'entre les malheurs !

1. *Hantise* : le mot *iunx* a ici le sens de regret, mais il possède en outre une forte connotation magique : charme, sortilège... Au sens propre, en effet, il désigne la figurine en forme d'oiseau que l'on attachait à un rouet pour susciter un retour d'affection (*cf.* Théocrite, *Églogues*, II).
2. Selon Hérodote (*Histoire*, I, 125), les *Mardes* sont un des peuples nomades de l'Empire perse.
3. Les *Ariens* peuplaient une région à l'est et au sud-est de la mer Caspienne.
4. *Dadakès* : déjà cité au v. 304 ; mais c'est une leçon conjecturale. Il y a ici une incertitude des manuscrits, et on lit parfois *Agdadatas*, ou *Agabatas* (cf. v. 959), en place de ce nom.
5. *Dais du char royal* : littéralement, Eschyle parle de tente montée sur roue, soit de voiture couverte ; Hérodote (*Histoire*, VII, 41) confirme que tel était l'équipage de Xerxès.
6. Ce vers de Xerxès se réduit à des onomatopées : *Iê iê, iô iô*. Le vers suivant reprend : *Iô, iô*...
7. Pour *Até*, personnification de l'Erreur, voir la note du v. 98.

XERXÈS

Antistrophe 3

Pour moi, certes, quelle hantise[1]*,*
ces braves compagnons que tu me rémémores,
990 *égrenant ces malheurs, affreux, affreux, terribles.*
Il crie, il crie, mon cœur, du fond de mes entrailles !

LE CHŒUR

Et nous en regrettons tant d'autres :
Xanthès, chef des dix mille Mardes[2]*,*
et Ankharès chef des Ariens[3]*,*
995 *Diaïxis, et puis Arsakhès*
qui commandaient les cavaliers,
et Dadakès[4]*, et Lythimnès,*
et Tolmos, insatiable de combats ?
1000 *Je suis saisi, saisi de ne les voir*
accompagnant le dais du char royal[5]*.*

XERXÈS

Strophe 4

Ha, ils ont disparu, tous ces meneurs d'armées.

LE CHŒUR

Ils ont disparu, hélas, ils n'ont plus de nom.

XERXÈS

Hélas, hélas, hou la la la[6]*.*

LE CHŒUR

1005 *Hou la la la, daïmons,*
Vous avez fait tomber sur nous, à l'imprévu,
un mal fulgurant comme le regard d'Até[7]*.*

XERXÈS

Antistrophe 4

Nous voici frappés pour toujours, par quel destin !

1. Au-delà du sens littéral, le discours tend ici vers l'onomatopée plaintive : *Néa néa dua dua*.
2. Cette question du chœur à Xerxès semble faire écho à la question de la reine au messager (v. 296) : « qui n'est pas mort ? » Le parallélisme des constructions est encore plus frappant en grec.
3. Littéralement, Xerxès parle du « trésor » (*thésauros*), réceptacle où serrer ses flèches : nuance que nous rendons en introduisant dans la traduction l'adjectif *précieux*. Ce geste de Xerxès montrant son carquois vide est emblématique de l'anéantissement de la puissance perse : il inverse le symbole traditionnel du pouvoir des rois achéménides, représentés appuyés sur leur arc. Voir le Dossier, p. 198.

LE CHŒUR

Oui, nous voici frappés, qui pourrait en douter.

XERXÈS

1010   *Revers inouï, revers inouï[1] !*

LE CHŒUR

*Ces marins ioniens, pour nous,
furent une rencontre de mauvaise chance.
La guerre est malheureuse à la race des Perses !*

XERXÈS

Strophe 5

O oui ! et c'est dans mon armée si grande,
1015 *pauvre de moi, que j'ai été frappé !*

LE CHŒUR

Qu'y a-t-il qui n'ait péri[2], de la grandeur perse ?

XERXÈS

Vois-tu là ce qui reste de mon équipage ?

LE CHŒUR

Je vois, je vois.

XERXÈS

1020   *Et voici mon carquois...*

LE CHŒUR

C'est tout ce que tu as sauvé ?

XERXÈS

J'y serrais mes précieuses flèches[3].

1. *Hélas, hélas* : *Papaï papaï*.

Le chœur

Si peu de choses, parmi tant !

Xerxès

Nous voici privés de soutiens.

Le chœur

1025 *Les Ioniens ne fuient pas le fracas des lances !*

Xerxès

Antistrophe 5

Ha, ils ne sont que trop vaillants ! Et moi,
j'aurai dû voir ce désastre imprévu.

Le chœur

Tu veux parler de nos vaisseaux nombreux – défaits ?

Xerxès

1030 *J'ai déchiré ma robe en voyant ce malheur.*

Le chœur

Hélas, hélas[1] *!*

Xerxès

Hélas, c'est trop peu dire !

Le chœur

Alors deux fois, trois fois hélas !

Xerxès

Peine pour nous, c'est joie pour l'ennemi !

Le chœur

1035 *Et notre force est mutilée...*

1. *Hou la la la la* : *Otototoï*. *Idem* au v. 1051.
2. Certaines éditions modernes, à l'encontre de la leçon des manuscrits, attribuent les v. 1043-1045 au chœur, pour la symétrie avec l'antistrophe (v. 1051-1053). Si l'on admet cette hypothèse, le v. 1045 ne reçoit un sens satisfaisant qu'à imaginer la scission du chœur en deux demi-chœurs qui se répondent ; voir la note du v. 550 (au v. 1045, *Hélas* rend *Oï*, comme au v. 1053).

Xerxès

Me voici nu, sans mon cortège !

Le chœur

... par la déroute sur la mer !

Xerxès

Strophe 6

Rentre au palais, pleure et déplore ce désastre !

Le chœur

Aïaï, aïaï ! quel revers, quel revers !

Xerxès

1040 *Tes cris fassent écho aux miens.*

Le chœur

Quel répons malheureux du malheur au malheur !

Xerxès

Crie en joignant ton chant au mien.

Xerxès & le chœur

Hou la la la la[1]

Xerxès

Que m'accable cette détresse !

Le chœur

1045 *Hélas, j'en souffre tout autant*[2] *!*

Xerxès

Antistrophe 6

Frappe, frappe et gémis, et contris-toi pour moi.

1. La Mysie est une région d'Asie Mineure située face à l'île de Lesbos. Comme la Mariandynie (v. 938), Eschyle l'évoque pour ses spectaculaires chants de deuil. Il faut rappeler que les deux régions étaient soumises à la Lydie, et que, dans la théorie musicale des Grecs, le mode lydien était précisément propre aux harmonies plaintives, selon Platon (*République*, III, 398e) ; Aristote notait que sous l'influence d'un tel mode, « l'âme s'attriste et se resserre » (*Politique*, VIII, 5).
2. En grec, *Ania ania* : on voit comme l'expression de la souffrance se confond de plus en plus avec le chant, ou le cri.

Le Chœur

Je ne suis que pleurs et que plaintes.

Xerxès

Tes cris fassent écho aux miens.

Le Chœur

Seigneur, que pourrais-je faire d'autre.

Xerxès

1050 *Que bien haut s'élèvent tes plaintes.*

Le Chœur

Hou la la la la
Le noir des coups se mêlera
hélas, à mes gémissements.

Xerxès

Strophe 7

Bats ta poitrine, et chante la plainte mysienne[1].

Le Chœur

1055 *Douleur, douleur*[2] *!*

Xerxès

Ravage aussi pour moi les poils blancs de ta barbe.

Le Chœur

À pleines mains, à pleines mains, plaintivement.

Xerxès

Jette encor des cris aigus.

Le Chœur

C'est ce que je m'en vais faire.

1. *Ho la la la* : *Oïoï oïoï*.
2. Ce vers, et les suivants, annoncent et accompagnent la sortie du chœur, qui suit Xerxès – ce que l'on nomme précisément l'*exodos*.
3. *Hélas* : *Iô, iô*.
4. Le verbe *hurler*, dont la racine latine est fondée sur une onomatopée (*ululare*), rend ici *iôa*, cri de douleur encore ; on y entend le *iou-iou* qui est resté jusqu'aujourd'hui un cri traditionnel d'Afrique du Nord.

Xerxès

Antistrophe 7

1060 *Déchire sur ton corps ta robe avec tes ongles.*

Le chœur

Douleur, douleur !

Xerxès

Arrache tes cheveux, compatis sur l'armée.

Le chœur

À pleines mains, à pleines mains, plaintivement.

Xerxès

Fais pleurer tes yeux, encore.

Le chœur

1065 *Je suis tout trempé de larmes.*

Xerxès

Épode

Tes cris fassent écho aux miens.

Le chœur

Ho la la la[1] *!*

Xerxès

Rentre au palais en gémissant[2].

Le chœur

Hélas[3] *! Qu'elle est triste à fouler, la terre perse !*

Xerxès

1070 *Hurle*[4] *à travers toute la ville !*

1. *Ha la la la* : selon les manuscrits, le texte porte, sur ces deux vers, *iê iê* ou bien *ê ê ê ê*. C'est l'occasion de se souvenir que le verbe grec qui signifie littéralement « dire *é* », dire *Hélas*, le verbe *élégein*, a donné naissance au nom de l'élégie...

Le chœur

Oui, oui, c'est ça, hurlons, hurlons !

Xerxès

Allez languissants et plaintifs.

Le chœur

Hélas ! Qu'elle est triste à fouler, la terre perse !

Xerxès

Ha la la la[1]   *Ils ont péri sur ces vaisseaux*
1075 *Ha la la la   bordés de triples rangs de rames !*

Le chœur

Je m'en vais t'escorter de mes plaintes dolentes.

DOSSIER

1. *Perse réelle, Perse imaginaire*

2. *Arts de la guerre, récits guerriers*

3. *La Grèce contre l'Asie : la démocratie contre les rois d'Orient*

4. *La part du religieux*

5. *Les leçons des* Perses

1 — Perse réelle, Perse imaginaire

ENTRE FASCINATION ET RÉPULSION

Que l'on pense certains chapitres du Devisement du Monde de Marco Polo, aux récits des voyages en Perse de Jean-Baptiste Tavernier ou de Chardin.

La Perse a imposé dès longtemps sa fascination aux autres peuples, et pendant des siècles l'imaginaire européen sera fortement séduit par les images de l'Orient perse•. Le roi de Perse est même devenu une sorte de parangon de la prospérité alliée à la félicité : *eo felicitatis evehatur ut sortem suam neque cum Persarum regibus cupiat permutare*, écrivait Érasme à propos d'un malheureux, « qu'il en vienne à un tel degré de félicité qu'il ne souhaite pas échanger son sort avec les rois de Perse[1] ! ». Un attrait mêlé de répulsion s'exerce sur les Grecs de l'Antiquité, qu'on peut dater de la prise de Sardes et de la conquête de la Lydie par Cyrus en 546 avant notre ère. Hérodote a raconté l'événement en multipliant les anecdotes élogieuses concernant le grand roi[2]. Qui pouvait être ce Cyrus devant lequel s'inclinait un souverain tel que Crésus ? L'histoire de cette soumission demeura longtemps un lieu commun de méditation sur la fragilité de la richesse et les vicissitudes du sort : « un vrai mythe tragique », écrit Olivier Picard[3]. Crésus avait trouvé son maître, et ce maître était le roi

---

1. Érasme, *Éloge de la folie*, XLIX.
2. Hérodote, *Histoire*, VII, 141 sq.
3. Olivier Picard, *Les Grecs devant la menace perse*, SEDES, 1980, p. 24.

des Perses. Plus tard, à l'époque de Cyrus le Jeune (début du IVᵉ siècle), l'enrôlement dans l'armée perse de Grecs de riche extraction, comme l'historien Xénophon, et non plus seulement de mercenaires à l'affût d'un salaire, atteste la permanence d'un vif intérêt pour la Perse•.

La Perse, c'est d'abord un pays lointain dont on sait mal les confins. Les Grecs, en dehors du champ fictif de la mythologie, ont placé un grand nombre de monstres et les créatures extraordinaires que des voyageurs ont décrites aux bords extrêmes de l'*oikouménè*, la « terre habitée », comme le montraient les *Persika* et l'ouvrage sur l'Inde de Ctésias••, ou les compilations de l'*Histoire naturelle* de Pline l'Ancien qui s'en inspirent. Si l'Orient, terre fabuleuse, avec ses peuples fantastiques, sert de bande limitrophe, de glacis entre le réel et l'imaginaire, la vastitude de l'Empire perse et l'imprécision de ses contours reçoivent de cette situation lointaine une aura d'étrangeté qui ouvre la voie aux hyperboles de l'imagination.

D'une façon plus réaliste, mais aussi *merveilleuse* pour des sociétés anciennes dotées d'une économie modeste, l'Asie représente la terre nourricière, riche en troupeaux et en arbres•••. Les vergers et les plantations ont été la passion particulière de certains grands rois, et ce n'est pas sans raison que le fameux *pairidezza*, hellénisé en *paradeisos*, à l'origine réserve d'oiseaux pour la chasse, puis parc ou jardin luxuriant et raffiné jouxtant le palais de Persépolis et de Suse, donnera plus tard aux voyageurs d'Occident l'idée de ce que devait être le paradis des chrétiens.

Il est probable qu'Eschyle a entendu les récits et les descriptions des marins et des voyageurs, mais cet exotisme-là ne l'intéresse guère. Sans souci aucun de couleur

• *Xénophon fait l'éloge du roi Cyrus (l'Ancien), discrètement idéalisé, dans la* Cyropédie.

•• *Ctésias, Grec natif de Cnide, fait prisonnier par les Perses et employé comme médecin pendant dix-sept ans à la cour de Perse, auteur des* Persika *et d'un ouvrage sur l'Inde, perdus.*

••• *Tant de fruits délicieux viennent d'Asie Mineure !* malum persikon, *la pêche,* kerasos, *la cerise, originaire de la région de Cérasonte, près du Pont ;* malum medikon, *le fruit mède : le cédrat ;* karuon persikon, *le fruit à coque perse : l'amande,* malum armeniakon, *le fruit arménien : l'abricot, et, pour la richesse des troupeaux, l'herbe de Médie, la luzerne...*

> Olea europæa désigne en botanique l'olive la plus banale. En grec, elaia désigne à la fois l'olive et l'huile qu'on en tire ; celle-ci sert aussi bien pour la libation, pour l'alimentation que pour la toilette.

locale, il ne met entre les mains de la reine, pour l'offrande rituelle, que la pauvre *olea europæa*, comme si les dieux ne pouvaient souhaiter que la libation fût faite d'une autre substance que du présent d'Athéna à sa ville d'élection, Athènes ; et puis Atossa offre cet autre produit spécifique de la terre attique, le vin, « breuvage intact et lumineux / né d'une vieille vigne » (v. 614-615). Mais plus largement on ne trouve d'allusion ni à l'encens, ni à ce *costus achæmenius* dont parle encore Horace[1], ni à la botanique thérapeutique et magique dont Pline l'Ancien, dans son *Histoire naturelle*, évoque – peut-être ironiquement – l'efficacité. Les Grecs, écrit Pline, croyaient que les Perses possédaient une herbe appelée *achæmenis*, l'achéménide, « propre à semer la terreur dans les rangs des ennemis et à les faire battre en retraite », et une autre dont ils auraient nourri leurs troupes sans avoir à s'occuper autrement du ravitaillement, la *latacé*[2]. Cette arme secrète des Perses en campagne aurait bien mérité l'épithète, publicitaire avant la lettre, que les Grecs attachaient aux produits les plus drastiques de la pharmacopée : *basilikon*, c'est-à-dire royal, ou digne du grand roi...

La magie fut à l'origine un ensemble de rites et de recettes que détenaient les Mages, tribu mède soumise par le roi Cambyse, persécutée par Darius, mais qui devint cependant, au sein de l'empire, une caste chargée d'assurer les bonnes procédures en matière religieuse : Hérodote les mentionne comme interprètes des songes et des prodiges (*Histoire*, VII, 19 & 37). On a même attribué à Zoroastre, prophète de la religion mazdéenne, l'invention de la

---

1. Horace, *Odes*, III, 1, 44, évoquant le nard des peuples achéménides.
2. Pline, *Histoire naturelle*, XXVI, 18.

magie ; et Pline souligne que le premier auteur d'un traité de magie, Ostanès, suivit Xerxès dans son expédition, répandant partout la mauvaise graine de cet art suspect. Mais Eschyle est étranger aux effets pittoresques qu'il pourrait tirer de la tradition magique perse, comme au regard critique sur des superstitions étrangères. Il accorde en revanche tout son intérêt aux données géographiques qui éclairent les relations avec la Perse.

Géographie politique

Parmi les Grèces diverses qui ont essaimé dans le sud de l'Italie, sur la façade occidentale de l'Asie Mineure et le Pont-Euxin, jusqu'en Crète et en Cyrénaïque, unifiées par la parenté des dialectes et par la reconnaissance de sanctuaires communs (Olympie et Delphes), il existe, autour d'Athènes et de Sparte, une Grèce des Grèces (comme on dit roi des rois), de superficie réduite, dont la définition est plus politique que géographique. Dans cette Grèce restreinte, la nature même du paysage, avec des côtes extrêmement découpées et un relief tourmenté délimitant un grand nombre de petits territoires, séparés par des montagnes et reliés par des vallées, a sans doute modelé une mentalité particulariste. C'est dire si les Grecs avaient du mal à concevoir l'immensité de l'Empire perse depuis le front d'Asie Mineure jusqu'aux confins orientaux, ces lointaines Sogdiane et Bactriane qui feront, au siècle suivant, rêver le conquérant Alexandre. Fernand Braudel, dans son ouvrage *La Méditerranée*, souligne que le mot *èpeiros* en grec, « terre ferme » et « continent », avait déjà donné son nom à l'Épire, région pourtant de dimensions modestes ; comment un Grec pouvait-il penser les vastitudes de cet autre *Epeiros*, le « Continent » dominé par la puissance achéménide ?

Eschyle essaie d'exprimer cette profusion, et, en donnant un inventaire partiel mais globalement confirmé par les historiens des pays embrassés par l'histoire de la guerre, il fait aux Athéniens une leçon de géographie qui n'est sans doute pas inutile. Notre vie se passe au milieu des images et des cartes censées nous rendre familiers les pays avec leurs frontières, leur orientation, leur superficie relative, leurs noms. Faisons-nous un instant l'âme antique et considérons « l'histoire de la géographie[1] ». C'est Anaximandre de Milet, disciple de Thalès, qui le premier dessina sur une *pinax* (un tableau de bois) la terre habitée, suivi d'Hécatée de Milet, au VIe siècle : Hérodote peut bien rire au siècle suivant de cette terre « ronde comme si elle avait été faite au compas[2] » qu'entoure l'Océan, avec l'Asie égale à l'Europe, la Grèce au centre du monde, et Delphes au centre de la Grèce•.

• *Ces géographes pionniers ont jeté les bases de la représentation du monde à laquelle Dicéarque et Ératosthène, à la fin du IVe et au début du IIIe siècle, feront faire un pas décisif, en adoptant la technique du quadrillage ; avant que Ptolémée, au IIe siècle de notre ère, ne propose des cartes qui feront foi jusqu'au Moyen Âge.*

Que fait donc Eschyle, sans doute conscient du flou des connaissances des Athéniens en matière de géographie ? Avant le cortège des chefs partant en guerre (v. 16 *sq.*), il commence par nommer le cœur royal de l'Empire perse, Suse, Ecbatane, les deux capitales, et la Kissie qui les relie ; puis obéissant sans doute, au cours de cette solennelle *pompè* – la procession –, à l'ordre d'importance des contingents et à leur prédominance dans l'empire, il fait défiler Égyptiens, Lydiens, Mysiens et Babyloniens. Cette énuméra-

---

1. Selon la formule de Claude Nicolet, *L'Inventaire du Monde*, Fayard, 1988, rééd. coll « Pluriel », 1996, p. 5.
2. Hérodote, *Histoire*, IV, 36 ; cité par Jean-Pierre Vernant, *Les Origines de la pensée grecque*, PUF, 1962-p. 128.

tion rappelle les décors des palais de Persépolis et de Suse. Sur les bas-reliefs, Darius avait substitué à la décoration assyrienne de génies, de monstres ailés, d'hippogriffes et d'atlantes, l'effigie des peuples vaincus, qui, au-dessous de sa propre image et de ses propres emblèmes, dais, arc et carquois, formaient, en bandes superposées, des rangées d'orants – les délégations bactrienne, susienne, tyrienne, arménienne – comme un imposant symbole de sa puissance [1]. C'est un trait admirable de l'art d'Eschyle que, dans la tragédie, compte tenu de la situation d'énonciation propre au théâtre, cette énumération soit doublement justifiée, tant du point de vue perse – sorte de célébration des héros de la Perse – que du point de vue grec – rappel des données topographiques et politiques. Une des beautés de la pièce réside dans la rigoureuse nécessité des éléments mis en œuvre, ici doublement légitimés.

L'attention est ensuite appelée sur ce lieu de passage qu'est l'Hellespont, sorte de frontière naturelle entre Asie et Europe ; ainsi les deux continents sont-ils d'abord désignés et distingués dans le songe d'Atossa (v. 181 *sq.*), donnés certes comme de nature différente, mais sans que soit énoncée l'idée d'une supériorité originelle qui octroierait à l'une vocation à la suprématie sur l'autre : au contraire, la mention du lien sororal entre Asie et Perse dissipe à l'avance l'accusation de xénophobie. La mythologie grecque avait d'ailleurs créé un espace sans frontières où dieux et demi-dieux évoluaient librement.

---

1. Darius semble avoir manifesté le même talent de synthèse symbolique dans ses choix architecturaux qui font cohabiter des formes ioniennes (le tore des colonnes), égyptienne (la base campaniforme) et mésopotamienne (figures animales). Voir Pierre Amiet, *L'Art antique du Proche-Orient*, Mazenod, 1977

La question de la reine concernant la situation d'Athènes sur la terre (v. 231) a quelquefois fait sourire ; c'est mal comprendre le caractère encore rudimentaire de la représentation du monde et mal rendre grâces à ceux qui nous l'ont fait devenir familière au point que nous croyons donné par l'évidence ce qui est le fruit de travaux considérables. Saluons chez Eschyle, en tout cas, la capacité à concevoir, chez l'étranger, l'ignorance de ce qu'il sait si bien lui-même : aptitude encore balbutiante à se faire autre, au moins à « se mettre à la place de l'autre » ; à admettre qu'Athènes, au lieu d'être le centre du monde, se trouve *pros dusmais hèliou*, « au loin, vers le couchant » (v. 232), comme l'indique le coryphée, tourné vers les spectateurs dans le théâtre de Dionysos, d'un geste de sa main gauche. Par corollaire, Athènes, Salamine, pour les vieillards du chœur des Perses, n'évoquent pas une image de lieu connu, mais deviennent seulement des noms odieux, dans les syllabes desquels infuser une haine craintive (v. 284-285). Dans le récit du messager (v. 446 *sq.*), l'évocation des îles de Salamine et de Psyttalie, comme celle de Platée et des rives de l'Asopos par l'ombre de Darios (v. 805-806 & 817) produisent, évidemment, l'horreur des Perses qui imaginent les souffrances des leurs, mais chez les Athéniens, le plaisir qui accompagne toujours la reconnaissance des choses familières.

Eschyle trace le chemin de la retraite de l'armée, et déploie, par un autre récit du messager (v. 480 *sq.*), une carte fictive, dont nous pouvons aisément suivre du doigt l'itinéraire sur une carte réelle : Béotie, Phocide, Doride, Achaïe, Thessalie, Macédoine, Édonie, Thrace, contrées dont il mentionne parfois les fleuves, bienfaisants comme le Sperchios, ou traîtres comme le Strymon, parfois un lac (Bolbé) ou une montagne (le Pangée), comme autant de repères pour ceux qui ont écouté les récits des voyageurs.

Enfin, l'inventaire, dressé par le chœur (v. 865 *sq.*), des possessions du roi dans le domaine ionien, îles et villes de la côte, offre une troisième tentative pour faire embrasser par l'esprit l'espace traversé et occupé : îles qui sont pour les Grecs ports accueillants, mouillages aisés dans la traversée de la mer Égée, mais simples gués pour le géant envahisseur. Si l'on tente de trouver un principe directeur dans l'énumération, elle paraît de prime abord surprenante ; mais l'on peut supposer la pensée qui a présidé au classement (outre les quelques impératifs métriques qui ont dû influer sur la disposition) : trois grandes îles très proches de l'Asie (Lesbos, éolienne, Samos et Chios, ioniennes), puis cinq îles plus petites qui semblent un prolongement de l'Attique ou de l'Eubée, à peine détachées d'elles• : Paros, Naxos, Mykonos, Andros et Ténos, ioniennes également ; enfin, sur l'axe médian, Lemnos, l'Icarie, et, plus au sud, les îles qui furent d'abord des établissements doriens, Rhodes et Chypre, et la presqu'île de Cnide. Ainsi Eschyle dessine une carte tripartite de l'espace maritime égéen, d'une part afin de montrer discrètement la prépondérance des établissements ioniens-attiques (d'Athènes) sur les établissements éoliens (béotiens et thessaliens) et doriens (péloponnésiens) ; d'autre part, étant donné l'ordre qu'il suit, afin de souligner la nécessité de laisser une zone tampon entre les îles naturellement liées à l'Asie et les îles naturellement liées à la Grèce occidentale. Le chœur, bien sûr, chante ces conquêtes de l'époque triomphante, que l'on

• *Les Anciens croyaient que les îles, à la suite d'un cataclysme, s'étaient détachées du continent ; ainsi Eschyle explique, dans un fragment, le nom de la ville de Rhégion par le verbe* règnumi, *« briser » et le nom reste comme une trace de la scission de l'Italie et de la Sicile.*

connaît par Hérodote et par les inscriptions des palais achéménides. On constate qu'Eschyle, quoique peu enclin à faire des concessions à la couleur locale, retrouve, dans sa manière d'énumérer les possessions du roi de Perse, ses titulatures exactes, telles qu'on a pu les lire sur les murs des palais et les falaises du rocher de Behistun en particulier [1].

LES INSCRIPTIONS DE DARIUS

De ces inscriptions trilingues (rédigées en élamite, babylonien, araméen), commandées par Darius, voici quelques extraits significatifs.

• *Eschyle reprend ce titre dans l'invocation du chœur (v. 666) : « roi d'entre les rois, parais ! »*

Je suis Darius, le grand roi, le roi des rois•,
le roi en Perse, le roi des peuples,
le fils de Vistaspa, le petit-fils d'Arsamès,
l'Achéménide.

Le roi Darius déclare :
« Voici les peuples qui m'obéissaient ;
grâce à Ahuramazda, j'étais leur roi :
le Perse, l'Élamite, le Babylonien, l'Assyrien, l'Arabe,
l'Égyptien, ceux de la mer, le Lydien, le Grec, le Mède,
l'Arménien, le Cappadocien, le Parthe,
    le Drangianien, l'Arien,
le Chorasmien, le Bactrien, le Sogdien,
    le Gandharien, le Scythe,
le Sattagydien, l'Arachosien, le Macien ;
en tout, vingt-trois peuples. »

Le roi Darius déclare :
 « Ces peuples qui m'obéissaient,
grâce à Ahuramazda, ils étaient mes serviteurs,

---

1. *Les Inscriptions de la Perse achéménide*, traduit du vieux perse, de l'élamite, du babylonien et de l'araméen, présenté et annoté par Pierre Lecoq, Gallimard, coll. « L'aube des peuples », 1997. Ces inscriptions ont été copiées pour la première fois en 1837 par un officier-diplomate anglais, sir Henry Rawlinson, dangereusement suspendu par un filin à soixante mètres du sol.

ils m'apportaient un tribut• ;
ce qui leur était dit de ma part, que ce soit de nuit ou de jour,
ils le faisaient[1]*. »*

• Comparer avec l'évocation de la domination perse dans la pièce, v. 584-594.

D'autres inscriptions renseignent plus précisément sur la généalogie, l'histoire de l'accession au trône de Darius (en particulier l'épisode de l'usurpation de la place de Smerdis – Mardis dans la pièce d'Eschyle, v. 774-775 – par le Mage Gaumata), et reprennent la liste des peuples conquis, toujours avec l'aide du dieu Ahuramazda : car cette royauté s'affirme de droit divin.

Le roi Darius déclare :
« Ahuramazda m'a accordé cette royauté,
Ahuramazda m'a apporté son soutien
jusqu'à ce que j'obtienne cette royauté ;
grâce à Ahuramazda, je possède cette royauté. »

Le roi Darius déclare :
« Voilà les peuples qui devinrent rebelles ;
de sorte que ceux-là mentirent à l'armée ;
alors, Ahuramazda les mit dans ma main ;
je les traitai selon mon plaisir. »

Le roi Darius déclare :
« Les rois précédents, tant qu'ils furent,
n'ont pas fait autant que moi,
grâce à Ahuramazda, j'ai fait en une seule année[2]*. »*

On se souvient peut-être que Darios prononce une formule de ce genre, dans *Les Perses*, aux v. 784-786 :

Soyez-en sûrs, mes compagnons d'âge : nous tous, qui avons tenu ce pouvoir, nous ne saurions prétendre, ensemble, avoir causé si grands
[fléaux !

Cette parenté de tournure, reprise avec une certaine ironie, peut faire penser qu'à

---

1. *Les Inscriptions de la Perse achéménide*, p. 187-189
2. *Les Inscriptions de la Perse achéménide*, p. 189, 208, 209

Athènes le style lapidaire des inscriptions perses n'était pas inconnu.

Le roi Darius déclare :
« Toi qui plus tard seras roi,
l'homme qui est menteur ou celui qui est violent,
ne sois pas leur ami, punis-les[1]*. »*

On observe dans plusieurs inscriptions évoquant des rois détrônés par les soins de Darius qu'un même mot désigne la vérité et la loyauté à l'égard de sa puissance, et qu'un autre identifie mensonge et rébellion contre ladite puissance. Par ce jeu d'assimilations, le roi s'affirmait à la fois comme le détenteur du pouvoir et celui de la vérité. En revanche, l'homme qui se prétendait roi en quelconque pays était dit « menteur », alors qu'il n'était qu'insoumis.

LES INSCRIPTIONS DE XERXÈS

Les formules fixes de Xerxès imitent le plus souvent celles de Darius, comme la première inscription ci-dessous (tracée sur une paroi du mont Elvend), et frappent par la déférence extrême à l'égard de Darius, dont le jeune roi dit seulement continuer l'œuvre, sans prendre d'initiative radicalement neuve. Quelquefois, comme dans la seconde inscription donnée, trouvée à l'identique à Persépolis et à Pasargades, ces formules sont relayées par une expression qu'on pourrait dire plus personnelle, prémices peut-être d'une évolution de la philosophie du roi, qui semble parler ici davantage en homme qu'en roi divin.

Je suis Xerxès le grand roi, le roi des rois,
le roi des peuples aux nombreuses origines,
le roi sur cette terre grande au loin,
le fils du Roi Darius, l'Achéménide.

---

1. *Les Inscriptions de la Perse achéménide*, p. 211.

Toi qui seras plus tard, si tu penses :
« Je veux être heureux de mon vivant
et je veux être béni après ma mort »,
respecte cette loi qu'Ahuramazda a établie ;
vénère Ahuramazda, au moment prescrit
  et selon le rite ;
l'homme qui respecte cette loi qu'Ahuramazda
  a établie
et qui vénère Ahuramazda au moment prescrit
  et selon le rite,
il est heureux de son vivant et il est béni après
  sa mort[1].

La formule *basileus basileôn*, le « roi d'entre les rois » de notre tragédie, est donc bien une réalité iranienne qui correspond aux titulatures très répétitives des inscriptions de Behistun, de Suse et de Persépolis ; il faut comprendre « roi qui règne sur les autres rois », formule suggérant « une royauté au deuxième degré qui s'exerce sur ceux que le reste du monde considère comme des rois », comme l'explique Benveniste[2]. Eschyle présente donc à juste titre les capitaines comme *basilès basileôs hypokhoi mégalou* : « rois vassaux du grand roi » (v. 24).

Si Eschyle propose à l'occasion une transcription plus proche du nom du feu roi sous la forme de *Dariana* (v. 651, 663, 671), partout il donne les formes hellénisées : *Darios* pour *Darayavahus*, *Xerxès* pour *Khshayarsha*. Ce dernier nom est forgé sur une racine abstraite signifiant, en langue mède, « qui est investi de la royauté ».

Les inscriptions font sans cesse état de la mission de gouverner confiée au grand roi par le dieu-soleil Ahuramazda lui-même. Sur les bas-reliefs, la représentation du

---

1. *Les Inscriptions de la Perse achéménide*, p. 252 & 258
2. Émile Benveniste, *Vocabulaire des institutions indo-européennes*, 2 *Pouvoir, droit, religion*, Les Éditions de Minuit, 1969, p. 19

dieu et celle du roi sont accompagnées des mêmes insignes : on a bien affaire à un gouvernement qui s'estime de droit divin. C'est dans cette prétention, et non en d'autres contenus religieux, qu'aux yeux des Grecs réside le scandale.

Les invocations ou mentions de Zeus (v. 532, 762, 827), Phoibos (v. 206), Poséidon (v. 750), Pan (v. 448), Hermès (v. 629), Aidoneus (v. 648), les pratiques d'interprétation des songes et de libations aux morts ont une physionomie parfaitement grecque, alors qu'on pouvait s'attendre à trouver des aperçus sur les cultes perses. Or on rencontre une seule mention du culte du Soleil, au v. 232, *anaktos hèliou*, « le Soleil, notre maître », formule qui au demeurant ne déparerait pas un propos religieux strictement grec.

Il nous faudra donc chercher le dessein d'Eschyle ailleurs que dans une peinture exotique des Perses. Une exception cependant, un détail très précis de politique intérieure : dans la liste des chefs disparus, le chœur déplore la mort d'Alpistos, « Œil toujours fidèle » de Xerxès (v. 978). Cette étrange dénomination des hauts dignitaires avait dû frapper l'imagination des Athéniens puisque Aristophane, dans *Les Acharniens*, pare d'un énorme *Œil du Roi* le masque du faux ambassadeur perse auquel il donne la parole – exemple unique aussi de parodie de langue perse – pour annoncer le refus du grand roi de donner de l'or aux Athéniens[1]. De l'or : voilà bien, pour les Grecs, l'image la plus spontanément associée à la royauté perse.

---

1. Aristophane, *Les Acharniens*, v. 102-106. Ce faux ambassadeur se nomme Pseudartabas.

LES PERSES ET L'EXCÈS, I :
LA DÉVORANTE FAIM DE L'OR

Les qualités uniques de l'or, sa rareté, sa beauté, son éclat, mais aussi ses propriétés pratiques (la ductilité, la divisibilité), sa pureté, son indestructibilité en ont fait l'étalon de la richesse et l'apanage par excellence des rois. Dans l'*Iliade* déjà, l'or était lié à la monarchie ; dans l'*Odyssée*, Télémaque admire la beauté du palais de Ménélas[1], orné de toute la richesse rapportée de Troie et des côtes de l'Asie Mineure :

Regarde donc, fils de Nestor, joie de mon âme,
comme le bronze resplendit dans ce palais
[sonore,
et l'électron, et l'or, et l'argent, et l'ivoire !
Ne se croirait-on pas dans la cour du château
[de Zeus
devant tant de merveilles ? La stupeur
[me gagne à leur vue...

À quoi Ménélas a la sagesse de répondre, se gardant de vouloir outrepasser sa condition : « Nul mortel, mes enfants, ne peut le disputer à Zeus ».

Les textes antiques abondent en anecdotes et en descriptions d'objets d'or, prétextes à considérations morales. Si Plaute a caricaturé les Perses d'un trait unique dans la comédie intitulée *Persa (Le Perse)*, en donnant à une ville imaginaire que les Perses auraient conquise le nom de Chrysopolis (on dirait « Auroville »), Pline, nourri d'auteurs grecs, en transmet une vaste compilation dans son *Histoire naturelle*[2]. Qu'il s'agisse de l'enchantement dont le roi de Phrygie, Midas, fut victime, de l'anneau

---

1. Homère, *Odyssée*, IV, v. 71-75 & 78. Nous citons la traduction de Philippe Jaccottet (1955), rééd. La Découverte, 1992, p. 60
2. Pline, *Histoire naturelle*, XXXIII, *passim*

d'or de Gygès, talisman d'invisibilité qui symbolisait le pouvoir surhumain de l'or, du somptueux présent fait par Pythéas de Bithynie à Darius, d'une vigne et d'un platane en or massif, de la fantaisie d'un général d'Alexandre qui, jaloux du luxe perse, exigea des clous d'or sur ses sandales..., Pline raconte tout cela en déplorant ce que Virgile avait déjà nommé la « maudite faim de l'or[1] ».

Ainsi le jugement sur l'or est-il ambivalent : éblouissement devant le symbole d'excellence qu'il représente, mais aussi inquiétude née de l'usurpation par l'homme d'un métal dévolu à l'usage des dieux. Pensons à la statue chryséléphantine d'Athéna, et aux poursuites contre Phidias• soupçonné d'avoir prélevé pour lui-même une part de l'or des dieux : faute inexpiable contre la divinité. Les joyaux de l'Asie sont dignes du temple d'Artémis à Éphèse, par exemple, mais non d'un roi humain.

Qu'en est-il dans *Les Perses* ? Le refrain de l'or est très présent, du moins dans la première moitié de la pièce : le « somptueux palais doré » (v. 3), « l'armée dorée » (v. 10), « Sardes la dorée » (v. 45), « Babylone la dorée » (v. 53), « le palais tendu d'or » (v. 159)... Cette antienne trouve sa raison première dans la légende de la naissance de Persée, père de Persès, le fondateur du peuple perse : Danaé fécondée par la pluie d'or de Zeus, qui sut ainsi l'atteindre par les fentes du toit de la prison où son père la tenait captive. Cet or primitif fait de Xerxès le légitime descendant d'une « race née de l'or », *khrysogonou généas* (v. 80). Mais là gît la menace de l'écroulement final de la prospérité, sous le

• *Phidias, auteur, entre autres œuvres de commande au sein du vaste programme d'urbanisme de Périclès, de la colossale statue d'Athéna (12 m. de hauteur), achevée en 438, qui représentait la divinité poliade (protectrice de la cité) à l'aide des matériaux les plus nobles, l'ivoire (éléphas) et l'or (khrysos). Phidias fut accusé de malversations et de recel à des fins personnelles des matières premières, de l'or surtout.*

---

1. Virgile, *Énéide*, III, v. 56-57 : *Quid non mortalia pectora cogis, / auri sacra fames !* (« À quoi ne contrains-tu pas le cœur des hommes, / maudite faim de l'or ! »).

poids de l'excès même : la reine redoute à juste titre « que trop de richesse ne jette au sol, dans la poussière, / la prospérité qu'édifia Darios » (v. 163-164). Les Perses, pense Eschyle, croient que l'or est la puissance suprême qui permet de tout acquérir et de tout conquérir. Voici la seconde question que la reine pose à propos des Grecs : « Ont-ils assez de richesses dans leur palais ? » À quoi le coryphée répond que les Grecs ne possèdent pas d'or, mais de l'argent, « un trésor enfoui dans la terre » (v. 237-238). Les mines du Laurion sont un trésor plus humble, qui sera mieux utilisé.

L'Asie est donc le pays de l'or : en Asie coule le fleuve Pactole ; en Asie se trouve la fameuse pierre de Lydie, ou pierre de touche, qui permet de garantir l'or ou d'évaluer la teneur en or d'un minerai. Qu'on le recueille en drainant les fleuves ou en creusant les montagnes, le travail du chercheur d'or est surhumain : bassins, canaux, écluses, fours à bâtir, un ouvrage de Titans ! On peut faire l'hypothèse que des esprits religieux, outre la condamnation de l'or, manifestent de la réprobation à l'égard des travaux et des artifices qu'exige son exploitation, et à l'égard d'une industrie qui fore la terre et les eaux, pour extorquer à la nature des dons qui ne devraient être attendus que de sa générosité spontanée. Cette méfiance vis-à-vis de l'or va de pair avec l'indignation devant la « dénaturation » du Bosphore (v. 747) imposée par Xerxès, l'excessif.

LES PERSES ET L'EXCÈS, II :
LE TROP GRAND NOMBRE

La Perse semble vouée aux grands nombres dans tous les domaines : l'étendue des terres, le nombre des peuples soumis, l'effectif extraordinaire de l'armée, l'énormité des prétentions. Le Grec manque de précision dans les nombres, use de chiffres ronds – *myrioi* signifie un très grand nombre, plutôt que précisément 1000 – et, patriote, s'exagère volontiers, à des fins d'auto-glorification, la puissance de l'ennemi. Les chiffres d'Hérodote sont outrés. Thucydide, lui, disposera de moyens qui permettent de proposer des nombres plausibles. Mais on n'attend pas, dans une tragédie, un rapport officiel. Eschyle désire simplement donner à imaginer le nombre fabuleux et le spectacle souvent désordonné des troupes perses : « la foule terrible, innombrable des Lydiens » (v. 40), « l'Asie peuplée d'hommes » (v. 73), Xerxès, chef « armé de mille bras, de mille nefs » (v. 83). L'adjectif *polys*, « nombreux », revient à de multiples reprises, simple ou en composition. Foule des soldats dans l'armée, foule des femmes dans la cité, foule confuse et bigarrée (v. 52-53, « cette foule mélangée »)... Or, en grec, la notion de mélange implique toujours une souillure, et traîne avec soi les miasmes de l'impureté.

Cette trouble profusion comporte en soi son châtiment. Bientôt, *plèthos*, le grand nombre, ne désignera plus que celui des cadavres, comme au v. 420, « toutes ces épaves, tout ce carnage d'hommes ». Le nombre excessif, c'est désormais celui qui recense les morts couchés sur les rivages, les soldats qui se sont fracassés sur les rochers au cours de la bataille navale, le lourd effectif des pertes perses : « jamais en un seul jour / n'aura péri une aussi grande foule d'hommes » (v. 431-432). Au *plèthos* perse s'opposent l'*arithmos* grec, le nombre précis, et le *kosmos*, l'ordre harmonieux, qui impliquent la mesure et l'intelligente maîtrise de forces adaptées à leur but par des hommes préoccupés de leur sort propre. Quand la reine, une fois encore, demande quel est le nombre de l'armée grecque, le messager lui répond en termes qui évaluent non pas la *quantité* mais la *qualité* : « leur armée est *telle*, qu'elle a déjà fait bien du mal aux Mèdes. » (v. 236).

LE TEMPÉRAMENT ORIENTAL

Avec ce luxe et cette superbe des rois d'Orient contraste le désir de servitude des peuples : Eschyle qualifie à plusieurs reprises les Perses par des adjectifs comme *habrodiaitès* (« Les Lydiens, troupe lascive », v. 41), *habropenthès* (« Les femmes perses, de douleur / prostrées languissent de l'aimé », v. 135-136), *habrobatès* (« Allez languissants et plaintifs », v. 1070). Ce goût du plaisir [1], ce manque d'énergie, les Grecs les ont traditionnellement prêtés aux peuples d'Orient, aussi bien dans les jugements de la foule que dans les tentatives plus savantes d'explication. Le grand médecin Hippocrate énonce une théorie des climats qui modèlent la nature des peuples dans son traité *Airs, eaux et lieux* [2].

Je veux maintenant comparer l'Asie et l'Europe, montrer combien ces deux continents sont différents l'un de l'autre en toutes choses et combien la figure des habitants de l'une ne ressemble en rien à celle des habitants de l'autre. Mon propos serait fort long si j'énumérais toutes les dissimilitudes ; m'en tenant à

---

1. Baudelaire, dans *Les Fleurs du mal*, dit encor « la langoureuse Asie » (« La Chevelure », v. 6)
2. Hippocrate, *Airs, eaux et lieux*, 12 & 16 ; traductio de Pierre Maréchaux, Rivages Poche, « Petite Bibliothèque » 1996, p. 76-78 & 83-85

celles qui sont les plus importantes et les plus notables, j'exposerai l'opinion que je me suis faite. Je dis donc que l'Asie diffère considérablement de l'Europe aussi bien par la nature de toutes les productions que par celle des habitants. Tout ce qui naît en Asie a plus de beauté et de grandeur, le climat y est meilleur et les peuples y ont un caractère plus doux et plus soumis. La cause de cela réside dans l'équilibre des saisons ; située entre les deux levers du soleil, l'Asie est à la fois exposée à l'est et éloignée du froid. Ce qui assure l'accroissement et la bonne qualité des productions, c'est un climat où les prédominances ne sont pas immodérées et où tout s'équilibre exactement. L'Asie n'est pas non plus partout la même ; mais dans les portions de terre placées à égale distance du froid et du chaud, les fruits du sol sont les plus abondants, les arbres sont les plus beaux, l'air est le plus paisible et les eaux, tant de pluies que de sources, les meilleures. En effet, ni l'excès de chaleur ne brûle ces régions, ni les sécheresses et l'aridité ne les désolent, ni la rigueur du froid ne les accable ; et comme l'humidité y est ménagée par des pluies abondantes et par des neiges, le sol doit naturellement abonder en fruits venant soit de graines semées soit de végétaux issus spontanément de la terre que les habitants, par une culture qui en édulcore l'incurie et des transplantations en terrain convenable, savent acclimater à leur usage. Les bestiaux qu'on y nourrit sont bien gras ; ils ont une très grande vertu prolifique et ils s'élèvent très aisément. Les hommes, qui ont une tendance à l'embonpoint, se distinguent par la beauté de leurs formes, leur taille avantageuse, et diffèrent très peu entre eux par leur faciès et leur stature. C'est avec le printemps qu'une telle contrée entretient la plus grande analogie, du fait de la constitution et de la couleur des saisons. Mais ni le courage viril, ni le fait de supporter les fatigues, ni l'énergie morale ne pourraient se développer chez de tels hommes, quelle que soit leur race, indigène ou étrangère, et nécessairement c'est le plaisir qui l'emporte sur tout le reste. [...]
Telle est la différence de nature et de forme

qui se fait jour entre Asiatiques et Européens. Quant à la pusillanimité ou au manque de courage, si les Asiatiques sont moins belliqueux et d'un naturel plus doux que les Européens, la cause en est surtout d'origine climatique : les saisons, en effet, n'éprouvent pas de grandes vicissitudes, ni de chaud ni de froid, et leurs inégalités ne sont que peu sensibles. Là, point d'intelligence galvanique ; quant au corps, il ne subit guère de changements intenses ; ces traits rendent le caractère plus farouche, et y mêlent une part plus grande d'indiscipline et de fougue qu'une modération toujours constante. Ce sont les changements du tout au tout qui, éveillant l'intelligence humaine, la tirent de sa torpeur. Les causes sont là, dont dépend, ce me semble, la pusillanimité des Asiatiques ; il faut encore y mentionner le rôle des institutions ; car la plus grande partie de l'Asie vit sous l'empire des rois ; or là où les hommes ne sont pas maîtres de leur personne, ils s'inquiètent de savoir, non comment ils s'exerceront aux armes, mais comment ils donneront l'illusion d'être inaptes au service militaire. En effet, les dangers ne sont pas également partagés : les sujets endurent les fatigues à la guerre et il arrive qu'ils donnent leur vie pour leurs maîtres, loin de leurs enfants, de leurs femmes, de leurs amis ; et tandis que les maîtres profitent, pour accroître leur puissance, des services rendus et de ces preuves de courage, leurs serviteurs immédiats n'en tirent d'autre fruit que les périls et la mort ; en outre ils sont exposés à voir la guerre et la cessation des travaux métamorphoser leurs campagnes en déserts. Ainsi ceux mêmes à qui la nature aurait donné cœur et vaillance seraient, par les institutions, détournés d'en faire usage. La grande preuve de mon affirmation, c'est qu'en Asie tous ceux, grecs ou barbares, qui, exempts de maîtres, se gouvernent par leurs propres lois et travaillent pour leur propre compte, sont les plus belliqueux de tous ; car ils s'exposent aux dangers en suivant leur intérêt personnel, recueillent le bénéfice de leur courage et subissent le châtiment de leur lâcheté.

Ainsi, Hippocrate opère un clivage longitudinal visant à séparer Orient et Occident. Il s'appuie sur deux principes : d'une part, la loi de ressemblance entre le pays et l'homme qui l'habite, laquelle exprime à moyenne échelle l'influence du *cosmos* sur la créature, et d'autre part, la fatalité de la transposition dans le domaine politique des constantes observées au sein de cette « nature ». Leur tempérament conduirait les hommes d'Asie à être un peuple soumis où tous, jusqu'aux satrapes, sont de véritables esclaves du roi, condition que signale de façon éclatante cette coutume perse qui scandalisa si fort les Grecs et qui plut tellement à Alexandre qu'il l'adopta [1] : la *proskynèsis*, ou prosternation•. La pièce en fournit deux occurrences : au v. 152, lorsque le chœur s'agenouille devant la reine, puis au v. 587 quand il déclare que la défaite de Xerxès abolit, pour les peuples vassaux, ce geste symbolique de servitude.

• *Le palais de Sennachérib réaménagé par Assurbanipal montrait déjà ce rite d'allégeance adopté par les Perses : on y voit, dans une sorte d'espace agrégatif avant la lettre les différentes phases de la* proskynèsis *illustrée par des figures occupant dans l'espace les positions successives d'un homme en train de s'agenouiller.*

LA ROBE DE XERXÈS

Au terme de ce parcours, faut-il considérer comme un trait simplement exotique la robe de Xerxès, si souvent évoquée ? les seuls détails vestimentaires donnés dans *Les Perses* sont la tiare à escarboucle et la babouche safran de Darios (v. 660-662) ; pourtant, c'était un motif iconographique très populaire que la tenue des Perses, du simple soldat à pantalon bouffant•• (ce trait accroît l'étrangeté et l'horreur des corps ballottés sur les eaux de Salamine) aux

•• *Comme on le voit sur une coupe attique à figures rouges et figures noires du VIᵉ siècle avant notre ère, ou sur une œnoché (vase à vin) de style attique encore, du Vᵉ siècle, représentant le combat d'un guerrier grec contre trois archers asiatiques. Les deux objets sont au Musée du Louvre.*

---

1. Quinte Curce, *Histoire d'Alexandre*, VI, 6, 1-3.

grands dignitaires, comme ceux que l'on voit sur le fameux Vase de Darius•. Eschyle a voulu, par cette antithèse entre la parure des deux rois, opposer la majesté de Darios et l'abaissement de Xerxès. Le seul vêtement activement signifiant, c'est le *péplos* de Xerxès : robe ou vêtement de femme, pour les Grecs, et emblème de la faiblesse féminine que vient confirmer le geste de pleureuse de la lacération.

• *Il s'agit d'un cratère apulien conservé au Musée national de Naples, qui paraît décrire les préparatifs des guerres médiques.*

Les commentateurs se sont souvent étonnés de l'importance accordée par Atossa à la robe de Xerxès, jugeant bien médiocre et superficielle l'attitude d'une reine qui subordonne l'*atimia* (le déshonneur, la privation de *timè*[1]) à une question vestimentaire. Cependant il faut réfléchir à la signification de la parure et des signes ostentatoires du pouvoir : la beauté et le luxe de l'habit ne sont pas de l'ordre de la possession des biens matériels ; là se manifeste une sorte de puissance magique, de type talismanique, qui, dans le cas du vêtement, loin de signaler seulement le pouvoir d'un individu, pour une part, le *constitue*. Où nous avons tendance à ne soupçonner qu'une valeur économique, il y a, intimement mêlée à l'objet précieux, l'*agalma*[2], une valeur instituante. Cela explique le désir qu'éprouve Atossa de remplacer le vêtement de Xerxès, comme si, par là même, elle restaurait ses puissance et majesté, dans le temps où Xerxès, au contraire, ne cesse de porter une main vengeresse sur sa robe pour la mettre davantage en lambeaux et aggraver sa déchéance. Centre et lieu d'application de ces deux

---

1. *Timè* : l'honneur, valeur précieuse aux yeux des Grecs
2. Voir les analyses fondamentales de Louis Gernet dans *Anthropologie de la Grèce antique*, 1968, rééd. Flammarion, col « Champs » ; chap « La notion mythique de la valeur en Grèce » p. 173 & 176 en particulier

mouvements contraires (destruction et *rédintégration* – au sens de retrouvailles avec l'objet intact), la robe de Xerxès ne paraît plus seulement comme le signe patent de sa frivolité, ou comme un trait de caractère efféminé, mais bien comme le symbole de la puissance perse et de sa perte définitive, par quoi le mal se matérialise sous les yeux du spectateur. Du même coup, à cet instant suprême de la tragédie où Xerxès s'incarne, la convention du costume de l'acteur se trouve paradoxalement abolie et sublimée.

En aucun cas, tout au long de la pièce, il n'y a eu de charge caricaturale visant à disqualifier les Perses comme lâches au combat. Les quelques allusions à la mollesse que nous avons relevées ressortissent plutôt à un langage conventionnel, issu de la formulation codifiée par l'épopée : aucun sarcasme éclatant. Il n'en va pas de même pour l'apparition de Xerxès, et l'on pourrait penser que la vue de l'illustre et terrible souverain, dans l'état où on le voit réduit, a déclenché les rires dans l'assistance.

*
* *

Regretter qu'il n'y ait pas davantage de couleur locale dans la tragédie des *Perses*, c'est regarder les choses avec une mentalité éprise du détail vériste et un goût facile du dépaysement. Il semble qu'il ne faille pas voir non plus dans cette lacune une ignorance hautaine, de la part d'Eschyle, de la nature exacte de l'autre, de l'étranger ; mais bien le mépris pour des formes superficielles de différence qui se dissipent dès lors que l'on se place dans le champ de la condition humaine et de la relation au divin.

2 — Arts de la guerre, récits guerriers

L'ARC ET LA LANCE

La possession des armes les plus nobles était source de conflit dans l'univers épique ; c'est aussi un sujet de tragédie•. Dans *Les Perses*, tous les moyens de combat sont représentés : cavalerie, chars [1], vaisseaux..., mais les deux armes principales en lice sont l'arc perse et la lance grecque. Dans la réalité, les Grecs se servaient aussi d'arcs et de flèches, et les Perses étaient loin d'ignorer l'usage de la lance, comme le montrent les bas-reliefs de la salle d'audience du palais de Persépolis. Ici cependant, les Perses, « archers triomphants » (v. 26 ; *cf.* aussi v. 30 & 55), comme les Parthes et les Scythes, ont mis en l'arc toute leur confiance ; c'est d'ailleurs ainsi que leurs rois étaient représentés sur les sceaux et les dariques d'or••. Les nombreux mots composés avec le nom de l'arc (*toxos*) impliquent, au début du moins, l'inexorabilité de la victoire. Quand cette évidence aura été démentie, il ne sera plus guère que l'arme des vaincus, l'arc inutile, et le carquois de Xerxès se trouvera vide. En face des Perses, les Grecs sont dotés de la lance ou même purement signifiés par elle, *douriklutoi andres*, « soldats fameux par la lance »

• *On peut penser à deux pièces de Sophocle : Ajax, où le héros est rendu fou d'avoir été vaincu par Ulysse, pour l'attribution des armes d'Achille ; et Philoctète, où Ulysse tente de dérober par ruse l'arc infaillible d'Héraklès.*

•• *Darique est le nom de la monnaie frappé par Darius.*

---

1. Les Perses de haut parage avaient cette triple obligation tirer à l'arc, monter à cheval, dire la vérité

(v. 85). La posture du combat des hoplites grecs et leur armement complet sont décrits par le coryphée (v. 240), puis par le messager (v. 456) : épées avec lesquelles on combat de pied ferme, au corps à corps, boucliers et cuirasses de bronze... L'opposition n'est pas neuve : les Anciens attribuaient une plus grande vaillance à celui qui s'expose directement à l'ennemi, et faisaient peser le soupçon de lâcheté sur le tireur embusqué•.

• À l'habileté du tireur se joint un instrument de mort qui honore moins celui qui y recourt : le poison, dont parfois les pointes de flèches sont enduites – pratique bien attestée d'ailleurs par l'étymologie du mot toxique, poison dont on se sert avec l'arc (toxos).

Cependant, ce qui valait pour le combat de Marathon livré dans un bois, près d'une baie, et celui de Platée, en plaine, où la phalange hoplitique a acquis son brevet d'efficacité contre la cavalerie perse, rapidement désarçonnée par la machine hérissée de lances qui fondait sur elle••, ne correspond évidemment pas à la conjoncture du combat naval. Les marins-soldats, non pas tant rameurs qui prennent les armes que citoyens-soldats qui ont accepté de ramer, ont dû avoir recours, à Salamine, à toutes sortes d'armes improvisées, rames et débris d'épaves (v. 425), et à Psyttalie, à des pierres en guise de projectiles (v. 459-460) : techniques moins nobles, mais qui montrent au moins le sens de l'adaptation aux circonstances.

•• Chaque invididu était doté d'un armement pesant pas moins de 30 kg. (Mardonios l'avait remarqué) : c'est dire le caractère forcément foudroyant de l'assaut, puisque cet équipement ne peut guère être soutenu par un homme plus de dix minutes.

Aristophane s'est moqué à la fois de l'esprit ancien combattant des « marathonomaques », dans la comédie des *Nuées* puis dans *Lysistrata*, et des héros rameurs de Salamine dans *Les Cavaliers* puis dans *Les Guêpes*[1]. La légende, elle, s'est emparée des faits, pour exalter surtout Marathon dont une peinture de la *Stoa poikilè*••• a célébré les exploits. En effet, bientôt les deux affrontements seront considérés comme

••• La stoa poikilè était à Athènes un portique avec des peintures.

---

1. Aristophane, *Les Nuées*, v. 986-999, *Lysistrata*, v. 50-53 & 1247-1261, et *Les Acharniens*, v. 178-185 ; *Les Cavaliers*, v. 781-785 ; *Les Guêpes*, v. 1091-1102.

des symboles, utilisés à des fins de propagande, l'un du combat hoplitique traditionnel cher au parti aristocratique•, l'autre des forces montantes d'une démocratie qui s'appuyait sur le petit peuple des marins athéniens pour fonder un empire maritime. Mais cette élaboration est plus tardive. Grâce à la simplification judicieuse qu'opère la métonymie, pour la valeur du symbole et pour la beauté de l'image, au regard de la postérité, c'est sous la lance grecque qu'aura péri l'arc perse.

• *Platon, dans* Les Lois *(IV ; 707a-d), exalte la noblesse de Marathon et du combat hoplitique par rapport à la honte de Salamine, confirmant que les deux épisodes ont servi de paradigme aux polémiques entre parti démocratique et parti aristocratique.*

Par tradition, la Perse est maîtresse des terres du continent asiatique : elle y a développé l'art du siège des villes, que les dieux lui ont attribué comme mode de combat spécifique (v. 102-107). Eschyle dénonce l'erreur que les Perses ont commise de regarder vers la mer (v. 108-114) : toute la puissance de leurs vaisseaux ne leur servira guère, une fois l'assaut donné, qu'à se détruire entre eux (v. 413-416). Le récit du combat est admirablement mené : le poète excelle autant à exposer la tactique qu'à rendre l'opposition dramatique du calme de la nuit et de la fureur de l'attaque (v. 377-397), les « musiques » contrastées de l'hymne à la liberté et des sanglots qui envahissent la mer (v. 401-405 & 426-427). La trière athénienne avec son éperon de bronze apparaît comme la transposition, le relais de la figure de l'hoplite, armé de sa lance.

L'ÉLOGE DES GRECS PAR XERXÈS, SELON HÉRODOTE

Platon, dans le *Lachès*, met en doute la nécessité de la formation aux arts du combat••, inutile dans les occasions réelles si elle n'est accompagnée d'une réelle bra-

•• *L'école où les jeunes gens apprenaient la lutte se nommait* la palestre.

voure et d'une vraie détermination. La véritable force des Grecs – et sur ce point Hérodote est de concert avec Eschyle – est un ingrédient qui ne relève pas de l'ordre matériel : la vaillance au combat. « Ha, ils ne sont que trop vaillants », s'exclame Xerxès à la fin de la pièce (v. 1026) : quoi de plus savoureux qu'un éloge mis dans la bouche de l'ennemi...

Xerxès convoqua les Perses les plus renommés. Quand ils furent là, il leur dit : « Perses, voici pourquoi je vous ai réunis : je vous demande de vous montrer vaillants, de ne pas démentir les exploits de vos ancêtres, si grands et admirables ; soyons pleins d'ardeur tous ensemble et chacun de son côté, car notre commun avantage est le but de nos efforts. Si je vous demande d'apporter à cette lutte un zèle sans relâche, c'est que, m'assure-t-on, nous marchons contre un peuple vaillant, et, si nous l'emportons, il n'est pas d'autre armée au monde qui puisse un jour se dresser contre nous. Maintenant, traversons la mer, après avoir adressé nos prières aux dieux qui ont la Perse en partage [1]. »

RUSE ET STRATAGÈME

Eschyle n'a pas vraiment exploité la différence des armes pour discréditer les Perses, dont le cortège guerrier ne déparerait pas une œuvre épique : rien de négatif ne s'y glisse, pas même l'accusation de perfidie, souvent attribuée à l'ennemi. C'est dans le camp grec, en revanche, qu'on recourt à la ruse : fidèle en cela à la version des faits que confirmera Hérodote, Eschyle ne dissimule pas le stratagème qui va abuser

---

1. Hérodote, *Histoire*, VII, 53 ; nous citons la traduction d'Andrée Barguet, intitulée *L'Enquête*, Gallimard, « Bibliothèque de la Pléiade », 1963, rééd. coll. « Folio », t. II, p. 203-204.

Xerxès et mettre l'armée perse en mauvaise posture au matin de la bataille (v. 355 *sq.*). Thémistocle est l'artisan de cette ruse fameuse qui permit la victoire.

Il y avait alors dans Athènes un homme qui venait d'accéder au premier rang ; il se nommait Thémistocle, on l'appelait fils de Néoclès. [...] les mines du Laurion avaient fait entrer dans le trésor d'Athènes d'énormes sommes d'argent, et les concitoyens allaient toucher dix drachmes par tête, quand Thémistocle convainquit les Athéniens de ne plus procéder à ces distributions, et de se donner avec cet argent deux cents navires pour faire la guerre – il s'agissait de la guerre contre Égine. La lutte engagée entre les deux villes sauva plus tard la Grèce, car elle obligea les Athéniens à se faire marins ; et, s'ils n'utilisèrent pas leurs vaisseaux comme ils l'avaient prévu, la Grèce les eut ainsi à sa disposition en temps utile [1]. [...]
Alors, quand Thémistocle vit triompher l'avis des Péloponnésiens, il quitta discrètement la salle du Conseil et, dehors, fit partir pour le camp des Mèdes, dans une barque, un homme bien instruit des propos qu'il devait tenir. – L'homme, qui s'appelait Sikinnos, était des gens de Thémistocle et le pédagogue de ses fils ; plus tard, Thémistocle le fit citoyen de Thespies, quand cette ville admit de nouveaux habitants, et il lui donna beaucoup d'argent. L'homme rejoignit en barque le camp des Barbares, et tint à leur chef ce langage : « Le chef des Athéniens m'envoie vers vous à l'insu des autres Grecs (car il est tout dévoué au roi et souhaite votre succès plutôt que le leur), pour vous dire que les Grecs sont terrifiés et décident de prendre la fuite : il ne tient qu'à vous d'accomplir à présent un exploit sensationnel, en ne leur permettant pas de vous échapper. Ils ne s'entendent pas, ils ne vous résisteront plus, et vous verrez la bataille s'engager en mer entre vos partisans et vos ennemis. » L'homme leur transmit ces renseignements, et il s'éclipsa [2].

---

1. Hérodote, *Histoire*, VII, 143-144 ; éd. cit., p. 242-243
2. Hérodote, *Histoire*, VIII, 75 ; éd. cit., p. 330-331

UN ÉLOGE INDIRECT DU CONSEIL ATHÉNIEN

Est-ce pour attribuer le bénéfice de la victoire à Thémistocle qu'Eschyle rapporte le rôle déterminant qu'il a joué ? Ce n'est pas si simple. On constate en lisant Hérodote que l'épisode de Psyttalie, auquel *Les Perses* accordent une importance particulière, semble avoir été dans la réalité bien plus modeste. Eschyle souhaite donc mettre en équilibre le rôle de Thémistocle et celui d'Aristide•. L'année où l'on joue *Les Perses*, en 472, Thémistocle est en difficulté, usé par l'affrontement avec les anciens alliés spartiates et la popularité grandissante de son ennemi politique, Cimon. Ce dernier, favorable à Sparte, continue à prôner la guerre contre la Perse, tandis que Thémistocle, se méfiant de Sparte, a fait commencer la construction des Longs Murs, signe d'une grande défiance à l'égard de possibles incursions venant du Péloponnèse. Eschyle, dont la tragédie montrait à l'envi le complet écrasement de la puissance perse, semblait dire aux Athéniens que dorénavant le danger ne venait plus de l'Orient. Mais son soutien ne servit pas à Thémistocle, qui fut ostracisé peu après, accusé de médisme••...

Dans le stratagème du général, n'y avait-il pas quelque chose de peu glorieux, en fin de compte ? Sans doute, le statut de la ruse chez les Grecs est-il indécidable••• : Ulysse en est la preuve dans le monde héroïque et tragique, chez Homère comme chez Sophocle••••. Dans l'univers d'Eschyle, les hommes se servent de ruse, comme font les dieux, et aussi Até, sans qu'un jugement de valeur soit porté : c'est simplement un

---

• *Homme politique athénien, d'origine aristocratique, Aristide fut stratège à Marathon ; il s'opposa ensuite, comme l'on va voir, à la politique de Thémistocle.*

•• *Thémistocle est le sujet d'une peinture de la Galerie de Philostrate (rhéteur du second siècle de notre ère), qui le montre, à l'époque de sa fuite auprès du grand roi, dans un luxueux palais babylonien, adressant une harangue aux Perses pour les tirer de leur mollesse.*

••• *Eschyle emploie un terme homérique pour désigner la ruse,* dolos *; mais le mot même de stratagème (du grec* stratagêma, *moyen de l'armée) indique qu'il n'y a pas de guerre sans recours à la ruse, comme le rappelle Clausewitz dans son essai classique,* De la Guerre *(1832-1837).*

•••• *On songe à la ruse d'Ulysse pour arracher ses armes à Philoctète, dans la pièce du même nom.*

moyen employé pour une fin, que légitime le résultat.

Mais la ruse est aussi la forme première du recours à l'intelligence plutôt qu'à la force nue ; elle va se transformer, par le raisonnement, en anticipation intelligente des événements, en aptitude à délibérer et à choisir les solutions les plus appropriées : se muer en conseil. Aristote a confirmé la composition, heureuse pour Athènes, des influences respectives de Thémistocle et d'Aristide : il a bien montré que l'intérêt supérieur de la cité, triomphant des inimitiés personnelles, fit que Thémistocle et Aristide oublièrent leurs différends pour mener une stratégie commune. Dans cet extrait de la *Constitution d'Athènes*, l'on voit aussi que l'argent et la richesse ne sont rien s'ils ne sont pas utilisés au bon moment, pour l'objectif approprié.

...pendant trois ans on frappa d'ostracisme les amis des tyrans, en vue de qui la loi avait été établie ; puis, la quatrième année, on éloigna ceux des autres qui paraissaient trop puissants. [...] Deux ans après, sous l'archontat de Nicodémos, quand furent découvertes les mines de Maronée et que l'État eut retiré de l'exploitation cent talents de bénéfice, certains conseillaient de distribuer l'argent au peuple, mais Thémistocle s'y opposa : sans dire à quoi servirait l'argent, il conseilla de prêter un talent à chacun des cent plus riches Athéniens ; puis, si l'emploi était agréé, de porter la dépense au compte de la ville, et, dans le cas contraire, de recouvrer l'argent sur ceux qui l'auraient emprunté. Quand il eut reçu l'argent à ces conditions, il construisit cent trières, chacun des cent en construisant une ; ce fut avec elles que les Athéniens combattirent à Salamine contre les barbares. À ce moment-là Aristide, fils de Lysimachos, fut frappé d'ostracisme. La quatrième année après, les Athéniens rappelèrent tous ceux qui avaient été frappés d'ostracisme, sous l'archontat d'Hypsichidès, à cause de l'expédition de Xerxès ; et pour l'avenir il ordonnèrent aux ostracisés de séjourner au-delà des caps Géraistos et Skyllaion sous peine d'être définitivement privés de leurs droits politiques.

Jusqu'à ce moment donc l'État progressa et grandit peu à peu en même temps que la démocratie ; mais après les guerres médiques, l'Aréopage reprit de la force et gouverna la ville, sans s'être appuyé sur aucune décision régulière pour se saisir du pouvoir, mais parce qu'il avait été la cause de la bataille de Salamine. En effet, alors que les stratèges désespéraient de la situation et avaient proclamé que chacun se sauvât soi-même, l'Aréopage se procura de quoi distribuer huit drachmes à chacun et fit monter le peuple sur les vaisseaux. C'est pour cette raison que les Athéniens s'inclinèrent devant son autorité, et à ce moment-là encore les Athéniens furent bien gouvernés ; car dans cette période ils furent bien préparés à la guerre et respectés des Grecs, et ils reçurent la maîtrise de la mer malgré les Lacédémoniens. Alors les chefs du parti démocratique étaient Aristide, fils de Lysimachos, et Thémistocle, fils de Néoclès, passant pour habiles l'un dans l'art militaire, l'autre dans l'action politique, et supérieur en honnêteté à ses contemporains ; aussi employait-on l'un comme général et l'autre comme conseiller. C'est donc en commun, bien que rivaux, qu'ils dirigèrent la reconstruction des remparts ; et c'est Aristide qui poussa les Ioniens à abandonner l'alliance des Lacédémoniens [...]. Aussi fut-ce également lui qui fixa pour les États alliés les premiers tributs, deux ans après la bataille de Salamine, sous l'archontat de Timosthénès, et s'engagea par serment envers les Ioniens à avoir *mêmes amis et mêmes ennemis qu'eux*, serment pour lequel on jeta des blocs de fer dans la mer [1].

Ce geste accompagnant le serment rituel consistait à jeter des blocs de fer dans la mer. Salomon Reinach (Cultes, mythes et religions, 1905) rapproche cet acte de celui de Xerxès lançant des entraves dans l'Hellespont, afin de montrer qu'il n'y a pas davantage outrage et que la thèse de l'offense aux dieux n'était qu'un thème de propagande.

---

1. Aristote, *Constitution d'Athènes*, XXII, 6- XXIII, 5. Cet ouvrage résume l'essentiel des événements de la guerre ; il a été composé en 325 avant notre ère, soit cent cinquante ans après les faits. Traduction de Georges Mathieu et Bernard Haussoullier, Les Belles Lettres, « Collection des universités de France », 1922, p. 24-26.

Dans *Les Perses*, Eschyle accorde une place considérable au conseil, puisque ce sont les Fidèles, les Conseillers, qui forment le chœur et sont sollicités par la reine inquiète. S'ils sont coupables d'une soumission et d'une flagornerie excessives devant Darios, ils subissent dans le cours de la tragédie une sorte de force transformatrice et semblent capables, à la fin, d'exercer à l'égard de Xerxès un droit de remontrance. D'autres conseillers avaient, eux, exercé leur influence malfaisante sur Xerxès et l'avaient conduit par leurs sarcasmes à désirer des guerres démesurées (v. 753-758) ; et Darios lui-même reproche à son fils sa témérité de jeune homme, incapable de peser mûrement les décisions (v. 782-783) :

Xerxès mon fils est jeune : en ses jeunes
                             [pensées,
il ne se souvient pas de mes conseils.

Tout cela constitue sans doute un hommage indirect, *in absentia*, au régime athénien dont un des rouages essentiels est la *Boulè*, le Conseil : la littérature oratoire fera assidûment le panégyrique de la délibération dans les assemblées athéniennes, par opposition au caractère impulsif de la politique lacédémonienne. Antithèse traditionnelle des deux grandes cités, dont Plutarque se fait encore l'écho, dans la *Vie de Lycurgue*.

LE RÉCIT DES COMBATS : DE LA RELATION HISTORIQUE À LA NARRATION ÉPIQUE

Le combat se gagne donc pour partie *en amont*, grâce à de judicieux préparatifs, par la cohésion d'un peuple, et par un recours avisé à la ruse. Encore faut-il tirer parti de ces avantages dans le feu de l'action, par la vaillance et la détermination : car c'est en définitive le moment de la conflagration, le choc entre les deux armées, qui décide de tout. Eschyle, qui avec *Les Perses* a composé une tragédie à forte coloration épique, fait du long récit de la défaite de Salamine par le messager la première acmé de sa pièce. On peut se faire une idée de l'élaboration de cette superbe narration en la comparant à la relation des mêmes événements que propose Hérodote dans son *Histoire* : relation évidemment un peu plus attentive au détail des manœuvres, et moins à la composition des scènes, à la puissance des images et des paroles. Faisons retour dans le camp des Perses après que l'émissaire de Thémistocle a délivré son message...

Les Barbares prirent ce message pour véridique ; ils firent débarquer dans Psyttalie, un îlot situé entre Salamine et le continent, un fort contingent de Perses ; puis, au milieu de la nuit, ils déployèrent en demi-cercle leur aile ouest en direction de Salamine, firent avancer leurs navires postés autour de Céos et de Cynosure et fermèrent la passe jusqu'à Munichie. Ils avaient l'intention, par ce mouvement, d'enlever aux Grecs toute possibilité de fuir et de leur faire payer, bloqués dans Salamine, leur succès de l'Artémision ; et ils firent débarquer les Perses dans l'îlot nommé Psyttalie pour la raison suivante : quand on livrerait la bataille, les hommes tombés à la mer et les épaves viendraient justement s'y échouer (car l'île se trouvait à l'endroit où le combat devait se dérouler), et ils projetaient de recueillir les leurs et de massacrer leurs ennemis. Ils manœuvrèrent donc en silence pour ne pas donner l'éveil à leurs adversaires. Donc, les Perses prirent position pendant la nuit, sans s'accorder un instant de repos. [...]
L'aurore parut [...] Les Grecs, alors, firent

avancer leurs navires. Les Barbares les attaquèrent aussitôt. Les Grecs commençaient tous à reculer et à se rapprocher du rivage, mais un Athénien, Ameinias de Pallène, avança et se jeta sur un navire ennemi ; comme il restait accroché à son adversaire et qu'ils ne pouvaient ni l'un ni l'autre se libérer, les autres navires grecs vinrent à la rescousse et la mêlée s'engagea. Voilà, disent les Athéniens, comment la bataille a commencé. [...] Les Perses perdirent à Salamine la plupart de leurs navires, détruits soit par les Athéniens, soit par les Éginètes. Les Grecs combattaient alignés et en bon ordre, mais les Barbares avaient rompu leurs lignes et ne calculaient aucun de leurs mouvements : il devait donc leur arriver ce qui justement leur arriva. Cependant ils étaient (car ils le furent ce jour-là) bien plus braves qu'ils ne l'avaient été devant l'Eubée, car tous rivalisaient d'ardeur et redoutaient Xerxès, et chacun se croyait spécialement observé par le roi[1].

Xerxès, effectivement, observe attentivement le déroulement de la bataille ; Hérodote nous le peint qui entre en fureur en voyant un vaisseau de Samothrace s'emparer d'un des bâtiments phéniciens de sa flotte. Fureur vaine, qui ne peut en aucune manière arrêter le cours des événements, fatals pour la flotte perse.

Xerxès, qui vit cet exploit, se tourna contre les Phéniciens, en homme furieux de sa défaite et prêt à trouver partout des responsables, et il leur fit couper la tête [...]. Lorsque Xerxès, de sa place au pied de la colline qu'on nomme Aigalée, en face de Salamine, voyait quelque exploit accompli par l'un des siens, il demandait le nom de son auteur, et ses secrétaires consignaient le nom du capitaine du navire, le nom de son père, sa cité. [...]
Aristide, fils de Lysimaque, l'Athénien dont j'ai parlé un peu plus haut comme de l'homme le plus vertueux qui fût, agit ainsi pendant que la

---

1. Hérodote, *Histoire*, VIII, 76 & 83-86 ; éd. cit., p. 331-33

mêlée se déroulait à Salamine : avec un certain nombre des hoplites postés sur le rivage de Salamine, qui étaient athéniens, il débarqua sur l'île de Psyttalie et ils massacrèrent jusqu'au dernier les Perses établis sur l'îlot.

Quand la rencontre eut pris fin, les Grecs ramenèrent à Salamine toutes les épaves qui flottaient encore dans les parages et se tinrent prêts à livrer bataille une seconde fois, car ils s'attendaient à ce que le roi mît en œuvre les vaisseaux qui lui restaient[1].

Reste seulement, une fois que tout est consommé, à évoquer la retraite du roi humilié, et à décrire l'annonce de la défaite dans la capitale de son royaume : c'est le sujet même de la pièce d'Eschyle, c'est un aspect de la bataille qu'Hérodote ne laisse pas pour autant dans l'ombre.

Lorsque Xerxès eut mesuré sa défaite, il craignit qu'un Ionien ne proposât aux Grecs, à moins que l'idée ne leur en vînt spontanément, de faire voile vers l'Hellespont pour y couper ses ponts de bateaux ; il eut peur d'être enfermé en Europe et d'y trouver sa perte, et il se résolut à fuir. [...] Tout en prenant ces mesures, Xerxès fit partir pour la Perse un messager chargé d'annoncer là-bas le malheur qui le frappait. – Rien ne parvient plus vite au but que ces messagers royaux, de tout ce qui est mortel. Voici le système qu'ont inventé les Perses : ils établissent, dit-on, sur la route à parcourir autant de relais avec hommes et chevaux qu'il y a d'étapes journalières à assurer, à raison d'un homme et d'un cheval par journée de marche. Neige, pluie, chaleur ou nuit, rien n'empêche ces hommes de couvrir avec une extrême rapidité le trajet qui leur est assigné ; sa course achevée, le premier coursier transmet le message au second, le second au troisième et ainsi de suite : les ordres passent de main en main, comme le flambeau chez les Grecs aux

---

1. Hérodote, *Histoire*, VIII, 90 & 95-96 ; éd. cit., p. 338-341.

fêtes d'Héphaistos. Les Perses appellent ces relais de courriers montés l'*angaréion*.
Le premier message qui parvint à Suse avait annoncé la prise d'Athènes et causé tant de joie aux Perses restés sur place qu'ils avaient jonché de myrte toutes les rues, faisant brûler des parfums, et passaient leur temps en banquets et en fêtes. Le second message survint, et les plongea dans une telle consternation que tous déchirèrent leurs vêtements et se mirent à crier et gémir sans fin, en accusant Mardonios de ce malheur ; leurs lamentations venaient d'ailleurs beaucoup moins de leur chagrin d'avoir perdu leurs vaisseaux que de leurs inquiétudes pour la personne même de Xerxès[1].

On voit comme Eschyle a pu modifier la réalité historique afin de dramatiser davantage l'action de sa pièce. Le messager qui parvient à Suse n'est pas pour lui l'ultime relais d'une chaîne de coursiers, il a assisté de ses yeux à la défaite, et pourra donc peindre plus vivement le déroulement de la bataille (v. 266-267 : « C'est en témoin, et non en rapportant les paroles d'un autre, / Perses, que je m'en vais rapporter ces malheurs »). Et Suse, à son arrivée, est loin d'être plongée dans l'insouciance et la liesse : le conseil des vieillards et la reine y attendent tout au contraire des nouvelles de l'armée avec une anxiété qui ne se révélera bientôt que trop justifiée.

---

1. Hérodote, *Histoire*, VIII, 97-99, p. 342-34?

3 — La Grèce contre l'Asie : la démocratie contre les rois d'Orient

DESPOTISME ET LIBERTÉ

Autre condamnation : l'arrogance de la reine traduit à plusieurs reprises l'excès de despotisme de la royauté perse. Xerxès, dit-elle, « s'il faillit », « ne doit aucun compte à la cité » (v. 213) ; le terme qu'elle emploie (*hypeuthunos*) fait penser à cette obligation qu'avaient les magistrats athéniens, à l'issue de leur charge, de rendre des comptes financiers et moraux (*euthynai*). Xerxès, ce despote, n'échappera pas à la reddition de comptes au moins devant Zeus (*cf.* v. 827-828) : critique, politique et religieuse à la fois, du *tyrannique*.

De ses abus sanguinaires abondamment racontés par Hérodote, Eschyle ne donne qu'un exemple : la menace de trancher la tête de tous ceux qui n'exécuteraient pas correctement la manœuvre, la nuit de Salamine (v. 369-371). Dans le camp adverse, la liberté est donnée, d'emblée – à la grande stupeur de la reine qui n'imagine pas la possibilité d'un régime non fondé sur l'oppression – comme le principe essentiel de la politique athénienne :

Ils ne peuvent être dits esclaves, ni sujets,
                          [de personne

lui dit des Athéniens le coryphée (v. 242).

Le thème de la liberté réapparaîtra, en majeur, dans le vibrant chant de guerre que lancent les Grecs, attaquant à l'aube les navires perses (v. 402-405), puis, en mineur, à travers l'inquiétude du chœur devant cette radicale nouveauté (v. 591-594) :

> ... *pour la langue des mortels*
> *plus d'entrave : ainsi délié,*
> *le peuple est libre de parler ;*
> *délié, le joug de la force !*

Tout se passe comme si, luttant pour leur propre liberté, les Athéniens, investis d'une mission beaucoup plus vaste, parvenaient aussi à libérer de ses chaînes le peuple des Perses, ou tout au moins les vassaux du roi. L'exaltation de la liberté sera un lieu commun des orateurs et logographes attiques du IVe siècle, destiné à ranimer les vieilles vertus et à déplorer la décadence, l'appât du gain et la lâcheté. Ainsi, entre autres, Isocrate, en 354 avant notre ère, dans son discours *Sur la Paix* :

Nous nous enorgueillissons des exploits de nos ancêtres, nous prétendons glorifier la cité des événements qui ont eu lieu en leur temps ; et nous n'agissons en rien comme eux, nous faisons même tout le contraire. Eux, pour défendre les Grecs, ont fait aux barbares une guerre continuelle ; nous, nous avons rappelé d'Asie les gens qui vivaient sur ce pays et cela pour les mener contre les Grecs. C'est en affranchissant les cités grecques qu'ils ont mérité de les diriger ; nous, quand nous apportons l'esclavage et quand nous faisons le contraire des hommes d'autrefois, nous nous indignons de ne pas recevoir les mêmes honneurs ? Nos actes et nos sentiments sont tellement inférieurs à ce qui existait en ce temps-là que, tandis que ces hommes, pour le salut des autres, n'ont pas craint d'abandonner leur propre patrie et ont vaincu les barbares sur terre et sur mer, nous-mêmes dans l'intérêt de nos ambitions, nous n'acceptons pas de courir quelque danger.

Mais le plus beau fleuron de l'hymne à la liberté, l'éloge le plus vif du régime de la démocratie athénienne, Thucydide l'a placé dans la bouche de Périclès, avec l'Oraison funèbre des premiers morts de la guerre du Péloponnèse, en 429. On y observe la certitude orgueilleuse qu'éprouvent les Athéniens d'offrir le paradigme du bon gouvernement, fondé sur la liberté dans les affaires privées et dans les affaires publiques, l'obéissance à la loi, et ce que nous appellerions l'esprit d'ouverture. Périclès condamne les xénélasies (expulsions d'étrangers) périodiquement décrétées par Lacédémone et se moque du culte spartiate de l'effort dont triomphe à tout coup la grâce athénienne.

Notre régime politique ne se propose pas pour modèle les lois d'autrui, et nous sommes nous-mêmes des exemples plutôt que des imitateurs. Pour le nom, comme les choses dépendent non pas du petit nombre mais de la majorité, c'est une démocratie. S'agit-il de ce qui revient à chacun ? la loi, elle, fait à tous, pour leurs différends privés, la part égale, tandis que pour les titres, si l'on se distingue en quelque domaine, ce n'est pas l'appartenance à une catégorie, mais le mérite, qui vous fait accéder aux honneurs ; inversement, la pauvreté n'a pas pour effet qu'un homme, pourtant capable de rendre service à l'État, en soit empêché par l'obscurité de sa situation. Nous pratiquons la liberté, non seulement dans notre conduite d'ordre politique, mais pour tout ce qui est suspicion réciproque dans la vie quotidienne : nous n'avons pas de colère envers notre prochain, s'il agit à sa fantaisie, et nous ne recourons pas à des vexations, qui, même sans causer de dommage, se présentent au-dehors comme blessantes. Malgré cette tolérance, qui régit nos rapports privés, dans le domaine public, la crainte nous retient avant tout de rien faire d'illégal, car nous prêtons attention aux magistrats qui se succèdent et aux lois

– surtout à celles qui fournissent un appui aux victimes de l'injustice, ou qui, sans être lois écrites, comportent pour sanction une honte indiscutée.
Avec cela, pour remède à nos fatigues, nous avons assuré à l'esprit les délassements les plus nombreux : nous avons des concours et des fêtes religieuses qui se succèdent toute l'année, et aussi, chez nous, des installations luxueuses dont l'agrément quotidien chasse au loin la contrariété. Nous voyons arriver chez nous, grâce à l'importance de notre cité, tous les produits de toute la terre, et les biens fournis par notre pays ne sont pas plus à nous, pour en jouir, que ne sont ceux du reste du monde.
Nous nous distinguons également de nos adversaires par notre façon de nous préparer à la pratique de la guerre. Notre ville, en effet, est ouverte à tous, et il n'arrive jamais que, par des expulsions d'étrangers, nous interdisions à quiconque une étude ou un spectacle, qui, en n'étant pas caché, puisse être vu d'un ennemi et lui être utile : car notre confiance se fonde peu sur les préparatifs et les stratagèmes, mais plutôt sur la vaillance que nous puisons en nous-mêmes au moment d'agir. [...]
En résumé, j'ose le dire : notre cité, dans son ensemble, est pour la Grèce une vivante leçon, cependant qu'individuellement nul mieux que l'homme de chez nous ne peut, je crois, présenter à lui seul une personnalité assez complète pour suffire à autant de rôles et y montrer autant d'aisance dans la bonne grâce. [...]

Il existe des marques insignes, et les témoignages ne manquent pas, pour signaler cette puissance, et nous offrir à l'admiration de tous, dans le présent et dans l'avenir ; nous n'avons besoin ni d'un Homère pour nous glorifier, ni de personne dont les accents charmeront sur le moment, mais dont les interprétations auront à pâtir de la vérité des faits : nous avons contraint toute mer et toute terre à s'ouvrir devant notre audace et partout nous avons laissé des monuments impérissables, souvenirs de maux et de biens[1].

---

1. Thucydide, *La Guerre du Péloponnèse*, II, XXXVII-XLI ; texte établi et traduit par Jacqueline de Romilly, Les Belles Lettres, « Collection des universités de France », 1962, t. II, p. 27-30

On pourrait multiplier les mentions et rappels de cet épisode glorieux pour voir comment, à partir des *Perses* d'Eschyle et de *L'Histoire* d'Hérodote, s'est élaboré et consacré le mythe de Salamine, à côté de Marathon, comme événement fondateur de la démocratie. Diodore de Sicile fut, avec sa *Bibliothèque historique*, au Ier siècle de notre ère, un des artisans de la légende athénienne [1]. Les guerres médiques eurent, dit-il en substance, une conclusion incroyable : elles produisirent un retournement complet du rapport des puissances, qui permit aux Athéniens d'imposer aux Perses la libération par traité des cités d'Asie et les enrichit tellement qu'elles engendrèrent un essor sans précédent des arts et de la philosophie.

Salamine inaugure une nouvelle ère pour la Grèce, et pas seulement le siècle de Périclès : pour la première fois, une société prenait conscience d'elle-même et proclamait l'excellence de ses principes. Plus que le caractère profus et diffus du texte hérodotéen, par sa concentration et sa puissance, la tragédie d'Eschyle a eu une véritable fonction instituante de la légende : son habileté a été de faire l'éloge des valeurs athéniennes de manière indirecte, par l'image de son contraire. Cette antithèse des systèmes politiques résonnera longtemps encore dans la culture occidentale : témoin, parmi bien d'autres, cette belle variation qu'en propose Corneille dans une de ses pièces les moins fréquentées.

> En Perse il n'est point de sujets,
> Ce ne sont qu'esclaves abjects,
> Qu'écrasent d'un coup d'œil les têtes
> [souveraines.
> Le monarque, ou plutôt le tyran général
> N'y suit pour loi que son caprice,

---

1. Diodore de Sicile, *Bibliothèque historique*, XII, I, 14.

> N'y veut point d'autre règle et point d'autre
> [justice,
> Et souvent même impute à crime capital
> Le plus rare mérite et le plus grand service.
> Il abat à ses pieds les plus hautes vertus,
> S'immole insolemment les plus illustres vies,
> Et ne laisse aujourd'hui que les cœurs abattus
> > À couvert de ses tyrannies. [...]
> > La Grèce a de plus saintes lois,
> > Elle a des peuples et des rois
> > Qui gouvernent avec justice :
> La raison y préside et la sage équité,
> Le pouvoir souverain par elles limité
> > N'y laisse aucun droit de caprice [1].

LE BON ROI ET LE MAUVAIS ROI

La généalogie que déroule Darios (v. 765-779) pourrait apparaître comme une seconde leçon, d'histoire ancienne cette fois, ou un hors-d'œuvre de ton archaïsant ; elle revêt en fait une fonction importante. Darios, en donnant la liste des rois, démontre les insuffisances et les failles de la transmission du sceptre royal : un héritier peut mériter l'héritage, un autre être l'opprobre de la maison royale ; menaçants aussi, le coup de force, l'usurpation et l'imposture, représentés par Mardis. Eschyle, qui souhaite donner de Darius une image positive, ne rappelle pas par quel subterfuge il a conquis le pouvoir [2] ; d'ailleurs, une généalogie obéit à une forme contraignante qui exclut le développement et l'accident. Les rois heureux n'ont pas d'Histoire ; l'Histoire sera le lot de Xerxès, et ce sera une Histoire désastreuse.

Le public athénien devait être bien convaincu par ce qu'il entendait de la supériorité d'un régime où les aléas des qualités

---

1. Corneille, *Agésilas* (1666), II, I, v. 413-423 & 441-44(
2. Voir la note du v. 77{

• *Darius, selon Hérodote* (Histoire, IV, 83) *avait même jeté un pont sur le Bosphore, exécuté par Mandroclès de Samos, et un autre « au cou de l'Istros » (le Danube) ; il a eu souvent recours à des ingénieurs grecs. Chez Eschyle, au contraire, Darios condamne semblable entreprise chez Xerxès (v. 723-725 & 744-751)...*

• *Hésiode, dans* Les Travaux et les Jours *(v. 109-201), énumère les races qui se sont succédé sur la terre au fil des âges : âge d'or, âge d'argent, âge d'airain, âge des héros, âge de fer... Selon lui les grands hommes de l'âge d'argent sont devenus après leur mort, dans les Enfers, des dieux souterrains : les* Hypokhthonioi.

naturelles ou acquises d'un individu, fût-il de souche royale, ne mettaient pas en péril la survie de l'État : contestation de l'excellence aristocratique ? Sans doute non, mais la faveur d'Eschyle allait probablement à un régime où l'élection des archontes, fondée sur le choix délibéré, la compétence des candidats et l'accessibilité des magistratures à tous ceux qui le méritaient, évitait ces troubles : nous avons là une condamnation discrète du système royal dynastique.

L'on sait que cette radicale différenciation de Xerxès et de Darios n'est pas vraiment fidèle à la réalité historique. Certes, il s'est formé une légende de l'amour de Darius pour la sagesse, comme en témoigne une curieuse lettre, évidemment apocryphe, « recueillie » par Diogène Laërce [1], où le roi invite Héraclite d'Éphèse à sa cour pour parfaire son éducation... En revanche, on peut tenir pour sûr que Darius avait déjà conçu les projets que Xerxès n'a guère fait que suivre, en bon fils•.

Eschyle a voulu, par ce diptyque du bon roi et du mauvais roi, diaboliser Xerxès, et héroïser Darios, en effaçant ses aspects conquérants, en le présentant comme un souverain « inspiré des dieux » (v. 654), « tout-puissant bienveillant et victorieux » (v. 855) soucieux de la prospérité de « l'Asie, riche en brebis », comme du bonheur de son peuple. Après l'avoir fait apparaître, il le renvoie dans les Enfers où il rejoint le monde des *Hypokhthonioi* qu'évoquait Hésiode••. Ainsi l'exotisme de la lointaine Asie qui avait semblé, dans un premier temps, se substituer à l'éloignement et à la grandeur des héros mytholo-

---

1. Diogène Laërce, *Vie, doctrines et sentences des philosophes illustres*, « Héraclite ».

giques, va-t-il, résorbant l'écart, venir rejoindre la mythologie des héros, dans un discret processus d'hellénisation du monde barbare : il faut, pense Eschyle, renfoncer maintenant dans un passé lointain l'époque périmée de la puissance perse et s'occuper du présent de la cité.

Le rapide résumé que Thucydide donne des guerres médiques, au début de *La Guerre du Péloponnèse*, montre bien que, à l'issue de la victoire sur les Perses, il s'était produit une redistribution de la puissance entre les Grecs :

Après la fin de la tyrannie en Grèce, donc, peu d'années s'écoulèrent jusqu'à la bataille de Marathon, qui opposa les Mèdes aux Athéniens. Et dix ans après, le Barbare revint avec sa grande expédition contre la Grèce, qu'il voulait asservir. Sous la menace d'un grave danger, tandis que les Lacédémoniens, dont les forces dominaient, prenaient le commandement des Grecs coalisés, les Athéniens, eux, devant l'avance mède, décidaient d'abandonner leur ville et montaient avec leurs affaires à bord des navires, devenant alors des marins. Aussi, lorsqu'ils eurent en commun repoussé le Barbare, on vit bientôt se grouper, soit autour des Athéniens, soit autour des Lacédémoniens, les peuples grecs détachés du Roi ou anciens belligérants : c'étaient, en effet, ces deux pays qui s'étaient révélés les plus puissants ; la force des uns était sur terre, celle des autres était maritime. – L'entente dura un temps, puis les Lacédémoniens et les Athéniens, entrant en conflit, se firent la guerre avec l'aide de leurs alliés ; et, parmi les autres Grecs, dans tous les cas de différends, on se tournait désormais vers eux. Si bien que sans cesse, depuis les guerres médiques jusqu'à notre guerre, traitant, puis guerroyant, soit entre eux, soit avec leurs alliés dissidents, ils développèrent au mieux leurs moyens militaires et acquirent de l'expérience, à s'exercer ainsi au milieu des dangers[1].

---

1. Thucydide, *La Guerre du Péloponnèse*, I, XVIII ; éd. cit., t.
p. 12-1

4 — La part du religieux

HYBRIS : L'IMPIÉTÉ DE XERXÈS EN DÉBAT

La reine, comme les Fidèles, se plie aux modes traditionnels antiques de la relation au divin : l'oniromancie (mais l'interprétation des songes est difficile et trompeuse), l'évocation des morts, la pratique des rites visant à détourner ou du moins euphémiser l'accomplissement des présages malheureux, les offrandes, ici sans sacrifice sanglant, aux dieux. À ce formalisme rituel se joint la crainte religieuse : la reine n'est pas dénuée d'un juste pressentiment de la menace que fait peser sur la prospérité de l'Empire perse l'excès même de sa richesse (v. 161-170). Certains rois, plus conscients, pour éviter d'encourir la jalousie des dieux, ont pratiqué le don rituel d'objets précieux (cratères d'or, joyaux, attelages complets avec leurs chevaux harnachés), en guise d'exorcisme•... Mais, dans l'univers tragique, où les personnages sont aveuglés, le péril demeure latent jusqu'au moment où ils commettent les actes infâmes qui produisent son actualisation. Les deux fautes majeures que Darios a pour tâche d'exposer en amont et en aval de la « généalogie » sont la faute de Xerxès et la faute des soldats.

Un mot résume la faute de Xerxès : l'*hybris*, la présomption.

Hérodote donne de multiples anecdotes touchant des sacrifices d'objets d'or pour détourner la jalousie des dieux. La plus fameuse est celle de l'anneau de Polycrate, que e richissime tyran de Samos jeta à la mer, et qui lui revint dans l'estomac d'un poisson - signe que les dieux refusaient le don : t à la vérité, il périt de manière lamentable (Histoire, *II, 181*).

Or là les guette encor l'apogée de leurs maux –
prix de leur *présomption* [...]
un mortel ne doit pas viser plus haut que lui.
La *présomption*, en fleurissant, donne un épi
d'aveuglement, et l'été moissonne des larmes...

Ainsi le facteur principal du désastre semble bien être la démesure, dénoncée à deux reprises par Darios (v. 808 & 821), qui se révèle tellement antinomique avec le précepte delphique du *mèden agan* (« rien de trop ») et les valeurs apolliniennes. Les « armées trop nombreuses » de ceux qui s'étaient fait appeler les Immortels• ne trouvent pas sur le sol grec de quoi se nourrir (v. 794) : trop nombreux, trop orgueilleux, ils sont punis par la terre même qui se déclare naturellement l'alliée des Grecs. Là encore, quoique de façon indirecte, l'antithèse suggérée a pour nom *metron*, la mesure, célébrée aussi bien par Solon aux temps anciens que par les philosophes du IVᵉ siècle••.

• *Les Dix-Mille ou Immortels, formules qui désignaient les seigneurs perses.*

•• *En particulier Aristote dans son* Éthique de Nicomaque, *II, VI, 13 sq.*

D'ailleurs, que ne mérite pas un roi qui se fait représenter sur le modèle du dieu Ahuramazda, en oiseau de proie aux ailes déployées, sortant d'un anneau, main levée, comme ce dieu ? À méditer sur l'orgueilleux rapace des images de Suse et de Persépolis, on comprend mieux le sens allégorique de la vision d'Atossa (v. 205-210), qui met un épervier aux prises avec un aigle qu'il réduit à l'impuissance. Devant l'épervier (grec), l'aigle (perse) du songe protège sa *tête* : Xerxès en effet sera sauf, mais il a laissé son *corps* à découvert, c'est-à-dire tout le peuple perse, qu'il a sacrifié à sa folie. Dans son étude d'ensemble sur *La Faute tragique* dans la littérature grecque, Suzanne Saïd s'attache à préciser la nature de la faute imputable au roi : témérité, erreur, aveuglement ?

... la double « faute » [*hamartía*, *cf.* v. 673-676] de Xerxès, qui voulut imposer son joug à un peuple libre et à un dieu puissant, entretient avec l'*átè* [l'erreur] un double rapport de causalité et d'identité. Car seules l'*húbris* de Xerxès et son « audace insolente » ont été la cause d'un « mal imprévu, aussi éclatant que le regard d'*Átè* » (v. 1005-1007), et des « désastres (*âtai*) sur mer » (v. 1037) qu'ont subis les Perses à Salamine, conformément à la loi universelle qui fait succéder l'*átè* à l'*húbris* comme le fruit à la fleur. Mais cette audace est aussi en elle-même une erreur funeste. Car la tragédie ne dénonce pas seulement, à propos de Salamine, l'impuissance de Xerxès à comprendre la ruse d'un Grec et l'ignorance de l'avenir que manifestèrent alors ses paroles et ses actes ; elles montrent aussi la déraison et même la folie qui furent à l'origine de sa décision. Or cette déraison, qui est liée à la passion et peut être expliquée parfois de façon tout humaine, par l'impétuosité de Xerxès, par sa jeunesse et par l'influence qu'ont eue sur lui de mauvais conseillers, est aussi présentée comme un « mal de l'esprit » (v. 750) auquel les dieux ne seraient pas étrangers, si l'on en croit Atossa et Darios [1].

On peut ainsi méditer (comme nous l'avons fait nous-même [2]) sur la responsabilité tragique du personnage de Xerxès, sur le poids de la fatalité et la part des puissances surnaturelles dans ses décisions présomptueuses ; il n'en reste pas moins que c'est en définitive la démesure de ses actes, leur audace nonpareille, qui frappent et que l'on retient. Eschyle concentre l'attention de ses spectateurs sur le geste emblématique de cette folie : le franchissement de l'Hellespont. Hérodote aussi, natu-

---

1. Suzanne Saïd, *La Faute tragique*, Maspéro, coll. « Textes à l'appui », 1978, p. 108-109. L'auteur utilise une transcription du terme grec *hybris* légèrement différente de la nôtre, plus conforme à la prononciation qu'à la graphie.
2. Voir la Présentation, p. 54-56.

rellement, s'est appesanti sur cet épisode marquant ; évoquant plus vivement encore la colère démente de Xerxès contre la mer qui s'oppose à ses desseins, il témoigne de son acharnement à perpétrer ce sacrilège – sans négliger la description technique de l'opération.

À partir d'Abydos, deux ponts furent établis en direction de cette pointe par les équipes chargées de ce service, – l'un par les Phéniciens, avec des câbles de filasse, l'autre par les Égyptiens, avec des câbles de papyrus (il y a sept stades d'Abydos à l'autre rive) ; mais, les ponts jetés sur le détroit, une violente tempête s'éleva, qui les rompit et les balaya.
À cette nouvelle, Xerxès indigné ordonna d'infliger à l'Hellespont trois cents coups de fouet et de jeter dans ses eaux une paire d'entraves. J'ai entendu dire aussi qu'il avait envoyé d'autres gens encore pour marquer l'Hellespont au fer rouge. En tout cas, il enjoignit à ses gens de dire, en frappant de verges l'Hellespont, ces mots pleins de l'orgueil insensé d'un Barbare : « Onde amère, notre maître te châtie, parce que tu l'as offensé quand il ne t'a jamais fait de tort. Le roi Xerxès te franchira, que tu le veuilles ou non ; et c'est justice que personne ne t'offre de sacrifices, car tu n'es qu'un courant d'eau trouble et saumâtre. » Ainsi fit-il châtier la mer, – et couper la tête aux ingénieurs qui avaient dirigé les travaux.
Les gens chargés de cette pénible tâche s'en acquittèrent, et d'autres ingénieurs s'occupèrent d'établir les ponts de la façon que voici : ils réunirent des navires à cinquante rames et des trières au nombre de trois cent soixante pour le pont qui serait du côté de l'Euxin, et de trois cent quatorze pour l'autre, et les placèrent transversalement par rapport au Pont-Euxin et parallèles au courant de l'Hellespont, pour que le mouvement de l'eau tînt les câbles tendus. Les bateaux mis en place, ils mouillèrent des ancres énormes, du côté du Pont-Euxin pour le premier pont, en raison des vents qui en viennent, et, pour le deuxième, du côté de l'occident et de la mer Égée, à cause du Zéphir et

du Notos. Ils ménagèrent d'étroites ouvertures dans l'alignement des navires à cinquante rames et des trières, sur trois points, pour laisser passer les embarcations légères désireuses soit d'entrer dans le Pont-Euxin, soit d'en sortir. Après quoi, on tendit les câbles depuis la rive à l'aide de cabestans de bois, mais au lieu d'utiliser toujours séparément les deux espèces de câbles, on en prit deux de filasse et quatre de papyrus pour chaque pont – ils se valaient pour l'épaisseur et la beauté, mais les câbles de filasse étaient plus lourds en proportion : ils pesaient un talent par coudée. Quand les ponts atteignirent l'autre rive, les ouvriers scièrent des poutres d'une longueur égale à la largeur de la surface à recouvrir•, les alignèrent exactement sur les amarres bien tendues, l'une à côté de l'autre, et les assujettirent solidement ; ceci fait, ils les recouvrirent de planches, soigneusement ajustées, posèrent des deux côtés une palissade pour empêcher les bêtes de somme, ainsi que les chevaux, d'avoir peur en voyant la mer sous leurs pieds[1].

• *Xerxès, selon Hérodote, aurait fait percer un canal à travers le promontoire du mont Athos pour y faire passer sa flotte* (Histoire, *VII, 22-24*).

Ainsi, Xerxès outrepasse la condition humaine et prétend non seulement régenter une nature dont les éléments, fleuves, vents, montagnes, sont divinisés, mais plus encore, les asservir en les traitant comme des bêtes de somme (le joug) ou des esclaves (les entraves forgées). À ce motif se joint étroitement celui des artefacts humains et des *mèchanai* qui viennent seconder les hommes pour exercer cette violence sur la nature•.

Le thème inspirera plus tard les moralistes romains•• ; de Xerxès, ils se souviendront surtout comme d'une incarnation exemplaire de l'*hybris*, une figure de la transgression aux antipodes de la sagesse. Sénèque•••, dans sa *Constance du sage* :

Crois-tu que, lorsqu'un roi stupide obscurcissait le jour sous des nuées de traits, une seule

•• *Les Romains, sous le règne d'Auguste, en ont aussi fait un « grand spectacle »,* une naumachie *ou simulacre de bataille navale, où s'affrontèrent trente vaisseaux et trente mille hommes. Ovide l'évoque dans* L'Art d'aimer, *I, v. 171-174.*

••• *Sénèque (né l'an 4 avant notre ère, mort en 65), précepteur de Néron, philosophe, principal représentant à Rome du stoïcisme, composa une série de petits traités, de consolations, et surtout les* Lettres à Lucilius.

---

1. Hérodote, *Histoire*, VII, 34-36 ; éd. cit., p. 194-195.

de ses flèches ait touché le soleil ? ou que les chaînes qu'il fit jeter dans les profondeurs de la mer aient réussi à atteindre Neptune ? De même que les êtres célestes défient l'effort des mains humaines et que ceux qui détruisent des temples ou mettent les images saintes à la fonte ne causent aucun dommage à la divinité, de même tout ce que l'effronterie, l'insolence et l'orgueil entreprennent contre le sage est vain[1].

Juvénal•, raillant dans ses *Satires* les vains désirs de puissance, en viendrait presque, quant à lui, à douter des anecdotes que l'on rapporte au sujet de Xerxès – en particulier le passage de l'Hellespont sur un pont de navires –, tant leur outrance lui semble invraisemblable ; il se félicite néanmoins que le roi présomptueux ait bel et bien été puni de son *hybris*.

• *Juvénal (né en l'an 60 de notre ère, mort entre 130 et 140), rhéteur de condition modeste, a composé un recueil de seize satires dans lesquelles il raille, sur un ton emporté, acerbe et amer, la vilenie des temps.*

Nous croyons que le mont Athos fut traversé par une flotte,
Nous croyons les billevesées que rapportent les Grecs menteurs,
Oui, les bateaux couvraient la mer à tel point que, solidifiée,
Elle porta les roues des chars ! Nous croyons aux profonds cours d'eau
Qui se dessèchent, et puis aux fleuves asséchés en un seul repas
Par les Mèdes••, à tout ce que chante un Sostrate[2], aisselles en sueur !
Ce Xerxès cependant revint de Salamine, en bien piteux état,
Ce barbare qui faisait battre de verges Corus et Eurus[3],
(Jamais ces vents dans la prison d'Éole

•• *Hérodote fait effectivement allusion aux cours d'eaux asséchés par l'armée de Xerxès (*Histoire*, VII, 21).*

---

1. Sénèque, *De la Constance du sage*, IV, 2 ; traduction de René Waltz revue par Paul Veyne, in Sénèque, *Entretiens. Lettres à Lucilius*, Laffont, coll. « Bouquins », 1993, p. 318.
2. Poète connu par cette seule mention...
3. Le *Corus* et l'*Eurus* sont deux vents qu'Éole tenait enchaînés dans une caverne – avec tous les autres. Voir par exemple Virgile, *L'Énéide*, I, v. 52 *sq.*

N'avaient autant souffert), qui enchaîna
  Neptune,
Le dieu qui ébranle la terre – en lui faisant cette
  faveur
De ne point le marquer au fer rouge ! (Et quel
  dieu
Eût voulu servir un tel maître ?) Oui, en quel
  état revint-il ?
Avec un seul vaisseau, sur une mer de sang où
  des cadavres en foule
Obstruaient son chemin : voilà comment la
  gloire ardemment souhaitée
Nous châtie [1] !

SACRILÈGES COLLECTIFS, CHÂTIMENTS COLLECTIFS ?

Tel chef, telle armée : la conduite des Perses est à l'image de celle du roi qui a autorisé leurs exactions. La faute des soldats réside dans les outrages qu'ils ont perpétrés contre les sanctuaires (v. 810). Il s'agit là, avec le non-respect de l'hospitalité, des délits les plus graves aux yeux des Grecs : le pillage des objets sacrés ou *hiérosulie*, et la destruction par le feu des lieux saints (v. 808-815). L'armée, priant les dieux pour la première fois lors de la traversée du Strymon en Thrace (v. 496-499), persévère dans son aveuglement et confirme encore ici son absence de piété. Sur les manifestations de la colère divine, Hérodote se montre disert et raconte complaisamment les prodiges qui ont protégé le sanctuaire de Delphes•. Eschyle ne répugne pas à évoquer des phénomènes divins, mais de façon moins spectaculaire, avec une plus grande sobriété : l'épisode du Strymon gelé, providentiel puis mortel, est choisi avec art, car il exprime la

• *Parmi ces punitions surnaturelles, Hérodote évoque des foudres tombées sur les Perses, des blocs de rochers dévalant du Parnasse pour les écraser, des armes s'animant d'elles-mêmes pour les attaquer, l'apparition de guerriers géants...* (Histoire, VIII, 37-38).

---

1. Juvénal, *Satire X*, 173-187 ; traduction de Claude-André Tabart, Gallimard, coll. « Poésie », 1996, p. 160.

vengeance des forces élémentaires offensées et reproduit la séquence fatale succès apparent – désastre réel.

Quelque chose de monstrueux, qui se révélait déjà dans l'oxymore *poimanorion theion*, « le troupeau merveilleux », ou divin, de l'armée (v. 74) – infra-humain et surhumain, bête et dieu à la fois, comme les monstres mythologiques –, connaît ici son accomplissement dans ces actes marqués au coin de l'*hybris* : les Perses se sont affranchis des limites tant spatiales que religieuses, les premières étant à la fois annonciatrices et symboliques des secondes. Darius avait su, du moins dans la version qu'Eschyle donne de sa politique extérieure, se restreindre sagement à son propre territoire, ne pas franchir le cours de l'Halys, déléguer le commandement à ses lieutenants et rester à la place assignée par les dieux (v. 865 *sq.*). Mais sous la conduite de Xerxès, les Perses ont regardé avec concupiscence du côté de la mer (v. 111), et contrevenu aux lois de la nature, en « dénaturant » le détroit (v. 747). Une connaissance plus précise des croyances perses conduit cependant à nuancer le jugement d'impiété. Ainsi Cicéron, peu suspect pourtant de sympathie pour les Perses, rappelle que les Mages obéissaient à une raison religieuse, « quand ils poussaient Xerxès à mettre le feu aux sanctuaires de la Grèce, parce que ces sanctuaires enfermaient entre des murs les dieux, pour qui tout lieu devait rester ouvert et libre[1], eux dont le monde entier est le temple et la demeure[2] ».

• *Les Mages, ancien peuple d'Asie, sont devenus dans l'Empire perse une caste chargée des rites religieux.*

Dans sa version de l'événement fatidique, Hérodote souligne le caractère religieux

---

1. *Libre*, au sens religieux, c'est-à-dire libre de toute consécration à un dieu particulier.
2. Cicéron, *Traité des Lois*, II, x, 26.

des actes de Xerxès, et, ici au moins, s'interroge sur leur signification exacte.

Ce jour-là, les Perses se préparèrent à passer le détroit. Le lendemain, ils attendirent le lever du soleil qu'ils tenaient à voir à ce moment précis, en faisant brûler divers parfums sur les ponts de bateaux et en couvrant leur chemin de branches de myrte. Aux premiers rayons du soleil, Xerxès, avec une coupe d'or, versa des libations dans la mer et pria le soleil, pour que rien ne lui advînt qui pût l'arrêter dans sa conquête avant d'avoir atteint les limites de l'Europe. Sa prière achevée, il jeta la coupe dans l'Hellespont, avec un cratère d'or et une épée perse qu'on appelle chez eux *akinakès*. Je ne saurais préciser s'il s'agissait là d'offrandes au soleil ou si le roi s'était repenti d'avoir fait fustiger l'Hellespont et voulait réparer sa faute par cet hommage [1].

Dans un article publié en 1905, le grand érudit Salomon Reinach a proposé une autre interprétation des actes de Xerxès, qui le lave de l'accusation de blasphème. Il s'appuie sur un épisode de la geste de Cyrus [2] : un cheval blanc s'étant noyé dans le Gyndès, Cyrus employa son armée à détourner le fleuve, en le divisant en 360 canaux, non pour le punir, mais pour enlever le cadavre qui souillait les saintes eaux. C'était un acte de purification conforme à la loi religieuse mazdéenne, fixée dans l'Avesta.

Les premiers ponts jetés sur le détroit ont été enlevés par une tempête. Xerxès veut en faire construire d'autres ; mais il a constaté que la mer était irritée contre lui ; avant d'entreprendre un nouveau travail, il doit se réconcilier avec elle, s'en faire une amie et une alliée. Pour contracter une alliance avec un élément, un acte symbolique est indispensable et cet acte

---

1. Hérodote, *Histoire*, VII, 54 ; éd. cit., p. 204.
2. Hérodote, *Histoire*, I, 189.

doit ressembler le plus possible à celui par lequel deux hommes font alliance. Or, dans les civilisations les plus diverses et chez un grand nombre de peuples, un lien physique tel qu'un anneau, une bague, est le symbole ou plutôt l'instrument d'une alliance [...] Xerxès pouvait jeter son propre anneau dans l'Hellespont ; il pouvait aussi y jeter une série d'anneaux fixés l'un à l'autre, c'est-à-dire des chaînes [...]. L'essentiel, c'est que l'objet jeté dans l'eau constituât un lien, que le génie de l'Hellespont fût enchaîné à la volonté de Xerxès par des attaches considérées comme indestructibles[1].

Ensuite Reinach interprète les coups de verges donnés à la mer comme une flagellation rituelle et conclut :

Ainsi Xerxès, de même que Cyrus dans sa campagne contre Babylone, n'a pas agi comme un fou, mais comme un superstitieux. Les Grecs, étant sortis de la phase où se mouvait encore la superstition des Perses, ne comprenaient rien aux rites de leurs ennemis et, en les interprétant d'après les apparences, attribuaient aux Barbares des absurdités qui n'avaient aucun caractère religieux[2].

La conduite de Xerxès indiquerait une sorte d'alliance avec la mer, dont les noces du doge de Venise avec les eaux de l'Adriatique seront une forme plus tardive. Sans doute ces rapprochements sont-ils un peu hasardés et trop généraux, mais les analyses de Louis Gernet les viennent rectifier heureusement[3] : à ses yeux, il ne s'agit pas tant d'une offrande visant à racheter l'offense par un don compensatoire (ce qui relève d'une rationalisation intellectuelle), que

---

1. Salomon Reinach, « Le mariage avec la mer », *Revue archéologique*, 1905, II, repris dans le recueil *Cultes, mythes et religions*, Laffont, coll. « Bouquins », 1996, p. 125-126.
2. *Ibid.*, p. 127.
3. Louis Gernet, *Anthropologie de la Grèce antique*, « La notion mythique de la valeur en Grèce », p. 143.

La part du religieux 229

d'un sacrifice somptuaire auquel il faut donner le sens d'une *épreuve royale*, d'une ordalie. Non agréé, le don promet des calamités...

5 — *Les leçons des* Perses

On ne saurait reprocher à Eschyle des jugements simplistes sur la faute de Xerxès : il prête à Atossa la tentative d'incriminer l'influence des mauvais conseillers (v. 753-758), et à Darios une longue réflexion sur l'étiologie du mal : l'orgueil, l'erreur, l'aveuglement ou même une folie envoyée par les dieux, une véritable maladie de l'esprit (*nosos phrenôn*, v. 750). Ces essais d'explication, consécutifs à la prédiction du futur désastre de Platée, se muent en une méditation qui va au-delà de la situation et de la responsabilité du seul Xerxès, s'élargissant à tous les hommes (v. 818-820) :

Pour trois générations, ces monceaux
 [de cadavres
témoigneront muettement aux yeux
 [des hommes
qu'un mortel ne doit pas viser plus haut
 [que lui.

Les derniers mots de Darios forment encore une maxime destinée aussi bien au public athénien qu'aux Fidèles (v. 842) :

car pour ceux qui sont morts, de quoi sert
 [la richesse...

Ainsi, au fil de la pièce, dans les interventions du chœur évoquant sur le mode élégiaque la « vie grande et bonne » d'autrefois, et surtout dans l'apparition de la figure idéalisée de Darios, Eschyle esquisse une leçon tout à la fois politique, morale et religieuse, qu'il appartient au spectateur comme au lecteur de dégager et de méditer – une fois dépassé le moment où il goûte la pure efficacité dramaturgique de l'œuvre.

DES VALEURS UNIVERSELLES, I : LE CHANT DE LA TERRE

La guerre offensive a pour but essentiel de s'emparer de la terre, la guerre défensive de la protéger et de la conserver ; à ce titre, l'antagonisme entre peuples ennemis est irréductible. Cependant, en dépit d'un patriotisme évident, s'élève un chant dont la teneur peut être revendiquée aussi bien par les Perses que par les Grecs, le chant de la terre, qui parcourt la tragédie entière. La terre est le fondement et la valeur suprême des peuples de l'Antiquité, sous toutes les latitudes : terre aux multiples vocables, *aia, gè, gaia, chthôn* (et aussi *pédos, kherson*, le sol, et *khôra*, la contrée) ; terre des cultures, des sources, des troupeaux (v. 611-618, 764, 646), terre qui cache les richesses (v. 238), terre des foyers (v. 511), terre des pères, terre où sont ensevelis les ancêtres (v. 186, 626-629, 640, 934)... Territoire de la conquête (v. 67-68, 76, 132, 231, 402-405, 719...) et du gouvernement (v. 763 *sq.*) ; terre natale qui nourrit (v. 61), terre étrangère qui tue (v. 792-794), terre labourable du pays fertilisée par le sang de l'ennemi (v. 595, 806, 817), terre qui gémit sur sa jeunesse perdue (v. 548, 922-923) – terre que le chœur et Eschyle disent, pour finir, « triste à fouler » (v. 1069-1073).

Les Grecs tiraient leur légitimité de la certitude d'avoir été les premiers occupants de l'Attique. Ils pensaient être nés de la terre attique et jouir de la véritable *autochtonie*•, au sens propre. Dans le dialogue de Platon

• *Autochtonie signifie le fait d'être « de la terre même ».*

intitulé *Ménexène*, Aspasie•, après un vaste tableau historique des guerres avec la Perse, fait l'éloge du principe de l'autochtonie. Mais le statut d'Aspasie rend cet éloge pour le moins paradoxal••, et la connaissance que Platon lui prête de la rhétorique, quand on sait en quelle estime Socrate tient l'art spécieux des sophistes, nous invite à la méfiance : c'est muni de tous ces correctifs et de toutes ces précautions qu'il faut aborder le texte, notamment cette évocation des guerriers athéniens.

En ce qui regarde la noblesse de leur naissance, leur premier titre, c'est que leurs ancêtres n'étaient pas d'origine étrangère et que, de ce fait, eux, leurs descendants, n'étaient pas dans le pays des immigrés dont les aïeux seraient venus d'ailleurs, mais des autochtones, qui habitaient et vivaient dans leur patrie réelle et qui n'étaient pas nourris comme d'autres par une marâtre, mais par la terre maternelle dans laquelle ils habitaient, et qu'aujourd'hui, après leur mort, ils reposent dans leur propre terre, celle qui les a enfantés, nourris et reçus dans son sein. Dès lors, il n'est rien de plus juste que de glorifier d'abord leur mère elle-même, puisque c'est du même coup glorifier leur naissance.

Notre pays mérite les éloges de tous les hommes et non pas seulement les nôtres, pour plusieurs raisons, dont la première et la plus considérable, c'est qu'il est aimé des dieux. Notre affirmation est confirmée par la querelle et le jugement des dieux qui se disputèrent pour lui. Honoré par les dieux, comment n'aurait-il pas le droit de l'être par tous les hommes sans exception ? Une autre juste raison de le louer, c'est qu'au temps où toute la terre produisait et enfantait des animaux de toute espèce, sauvages et domestiques, la nôtre en ce temps-là se montra vierge et pure de bêtes sauvages, et, parmi les animaux, elle choisit et enfanta l'homme, qui surpasse les autres par l'intelligence et reconnaît seul une justice et des

• *Aspasie, compagne de Périclès, originaire de Milet, connaît en vivant à Athènes la difficile condition de métèque ; intelligente et cultivée, elle subsistait par ses propres moyens.*

•• *Il faut compter avec l'ironie platonicienne : ce discours, adressé par Socrate à son disciple Ménexène, rapporte un propos tenu par Aspasie. Socrate prétend qu'Aspasie, qui serait déjà l'auteur de l'Oraison funèbre prononcée par Périclès, n'a fait que souder ensemble les « rognures » de ces discours... La situation d'énonciation risque d'être plus complexe encore qu'au théâtre. Pour résumer la chaîne : Platon dit au lecteur ce que Socrate a dit qu'Aspasie a dit à Périclès de dire !*

dieux. Une preuve bien forte que cette terre a enfanté les ancêtres de ces guerriers et les nôtres, c'est que tout être qui enfante porte en lui la nourriture appropriée à son enfant, et c'est par là qu'on reconnaît la vraie mère de la fausse, qui s'approprie l'enfant d'une autre : celle-ci n'a pas les sources nourricières nécessaires au nouveau-né. C'est par là que la terre, qui est en même temps notre mère, prouve incontestablement qu'elle a engendré des hommes : seule en ce temps-là et la première, elle a produit, pour nourrir l'homme, le fruit du blé et de l'orge, qui procure au genre humain le plus beau et le meilleur des aliments, montrant ansi que c'est elle qui a réellement enfanté cet être[1].

DES VALEURS UNIVERSELLES, II : LA COMPASSION

Dans *Les Perses*, la voix de la compassion s'élève au-dessus du carnage, disant la commisération pour les parents qui ne reverront plus leurs enfants (v. 245, 537-540, 914-915), pour les épouses abandonnées (v. 62-64, 133-139, 288-289, 541-545), pour les vieillards qui doivent apprendre jusqu'où peut aller la douleur (v. 580-583), pour toutes ces cités dépeuplées, vides d'hommes (v. 534-536, 549, 718, 729-733) : c'est là le motif principal, qui n'a pas de pays...

Ce ne sont pas les voix politiques de l'agora, mais bien les voix humaines de la tragédie qui appellent la crainte et la pitié, ces sentiments qu'Aristote prescrit au poète tragique de faire naître•. Elles continueront à résonner chez Euripide, sur un ton plus revendicatif, prises en charge par

• *Aristote*, Poétique, 1452b : « par principe, la tragédie est imitation d'actions suscitant de tels sentiments que la crainte et la pitié ».

---

1. Platon, *Ménexène*, 237b-238a ; traduction d'Émile Chambry, in *Protagoras. Euthydème. Gorgias. Ménexène. Ménon. Cratyle*, Flammarion, coll. « GF » n° 146, 1967, p. 298-299.

des femmes, des barbares (doublement étrangères !) plaidant pour les faibles, les « victimes civiles » de la guerre de Troie ; ainsi, Hécube, la vieille reine, épouse de Priam, devenue esclave, dénonce le malheur intime des femmes prisonnières que les chefs grecs vont arracher à leur terre :

HÉCUBE

Laissez-moi (rien ne sert d'aller contre l'envie,
 ô jeunes filles)
couchée à terre ; car mon effondrement est la
 mesure
de ce que je subis, de ce que j'ai subi et subirai
 encore.
O dieux ! piètres alliés ceux que j'invoque là
et c'est pourtant un geste à faire d'interpeller
 les dieux
dès que la chance tourne en malchance pour
 l'un de nous.
J'ai donc envie, d'abord, de chanter mon bonheur une dernière fois,
j'inspirerai ainsi plus de pitié pour mon
 malheur.
Reine je fus, un roi me prit en mariage,
et j'en conçus des enfants sans égal [1],
moins pour le nombre – vaine gloire – que pour
 le rang : le plus haut en Phrygie,
tels qu'aucune femme, troyenne, grecque ou
 barbare
ne pourrait jamais se vanter d'en avoir mis au
 monde.
Et ces enfants, je les ai vus tomber sous la lance
 grecque,
j'ai coupé mes cheveux sur les tertres de mes
 morts
et l'auteur de leurs jours, Priam, je ne l'ai pas
 pleuré
sur la foi de propos rapportés, je l'ai de mes
 yeux vu
moi-même égorgé au foyer de l'autel domestique,

---

[1]. De Priam, roi de Troie, Hécube eut cinquante fils et cinquante filles, dit la légende.

j'ai vu la ville prise. Les vierges que j'élevai
pour être des partis estimés, de premier choix,
je n'en ai pas le fruit : on les a arrachées de mes
bras.
Elles, il n'est aucun espoir qu'un jour elles me
revoient,
moi non plus jamais je ne les reverrai.
Enfin, pour couronner ces malheurs acca-
blants,
je vais partir pour être esclave en Grèce, vieille
comme je suis[1].

Ici encore, facture théâtrale et conception métaphysique vont de pair : Euripide qui, loin de l'esprit religieux d'Eschyle, met en doute l'intervention des dieux dans les affaires humaines, voire leur existence, laisse plaider les opprimés, les faisant émerger, par l'appropriation de la parole, de leur statut d'anéantissement. Ce qui chez Eschyle ne se concevait qu'au sein de la relation de l'homme à la divinité va désormais se laïciser.

DU CITOYEN AU SPECTATEUR

C'est à la tragédie qu'incombe le rôle de dépasser ces antinomies, en particulier par l'entremise du chœur, comme l'explique Nicole Loraux.

Les spectateurs de la tragédie grecque étaient, me semble-t-il, sollicités individuellement ou collectivement moins comme membres de la collectivité politique que comme appartenant à cette collectivité nullement politique qu'est le genre humain, ou pour lui donner son nom tragique, la « race des mortels ». N'est-ce-pas [...] la présence, parfois silencieuse mais souvent bruyante, de la mort qui, lancinante, habite

---

[1]. Euripide, *Les Troyennes*, v. 466-490, dans la traduction de Claire Nancy, in *Théâtre complet*, I, Flammarion, coll. « GF » n° 856, p206.

l'univers tragique lorsque l'homme y est identifié à une ombre ? Or il n'est pas sûr, si l'expérience théâtrale passe par le sentiment d'appartenance à la communauté des mortels, que celle-ci n'abolisse pas les limites soigneusement tracées qui définissent en Grèce la sphère de la collectivité comme celle de l'individu.

C'est un vacillement de ces frontières qu'expérimente le chœur, dont le rôle nous paraît si important dans la tragédie. Le chœur est ce personnage parfois si essentiel, des *Perses* aux *Choéphores*, qu'il devient chez Eschyle le vrai protagoniste, celui qui dit « nous » aussi bien que « je », parfois à l'intérieur de la même phrase. À supposer que l'identification des spectateurs ne se porte pas toujours systématiquement, comme certains l'affirment, vers le chœur, un tel vacillement dans l'expression de l'identité favorise pour le moins, chez le spectateur, un va-et-vient entre l'affect individuel, la réaction collective et le sentiment diffus d'une autre appartenance.

Sous la figure énigmatique de cette autre appartenance, perçue sur le mode de l'obscurité, je propose d'imaginer l'expérience, propre au théâtre, d'être un spectateur – en entendant l'article indéfini singulier non plus comme la désignation d'une singularité, mais comme l'expression d'une identité neutre [1].

ÉLOGE ET SOUVENIR : L'APPEL À LA POSTÉRITÉ

Les orateurs attiques, Isocrate (dans son *Panégyrique*), Lysias (dans son discours *Sur la Paix*), ou Eschine (dans le *Contre Ctésiphon*) ont continué l'éloge des héros des guerres médiques et des valeurs de la démocratie naissante. Parmi les historiens, Diodore de Sicile a bien montré, dans sa *Bibliothèque historique* (XI, XII), le rôle

---

[1]. Nicole Loraux, *La Voix endeuillée. Essai sur la tragédie grecque*, Gallimard, coll. « *nrf* essais », 1999, p. 131-132

déterminant que cette phase de son histoire a joué dans l'enrichissement d'Athènes et l'essor de sa vie politique et artistique. Mais c'est dans le *Ménexène* encore, toujours dans la bouche d'Aspasie, que l'on trouve, avec un résumé des moments essentiels, un jugement de valeur sur les protagonistes et une première hiérarchie entre les batailles.

Quand les Perses, maîtres de l'Asie, tentèrent d'asservir l'Europe, ils furent arrêtés par les fils de ce pays, nos ancêtres, qu'il est juste et indispensable de mentionner d'abord pour louer leur valeur. [...] on pourra apprécier la vaillance de ces braves, qui reçurent à Marathon le choc de l'armée des barbares, châtièrent l'insolent orgueil de l'Asie entière et dressèrent les premiers des trophées sur les barbares ; ils ouvrirent ainsi la voie aux autres et leur apprirent que la puissance des Perses n'était pas invincible et qu'il n'y a nombre ni richesse qui ne le cède à la valeur. Aussi j'affirme, moi, que ces héros furent les pères non seulement de nos personnes, mais aussi de notre liberté et de celle de tous les Grecs qui peuplent ce continent ; car c'est parce qu'ils avaient les yeux fixés sur cette grande œuvre que les Grecs osèrent risquer pour leur salut les batailles qui eurent lieu plus tard, suivant l'exemple du héros de Marathon.
C'est donc à ces héros que notre discours doit décerner le premier prix de la valeur ; le second sera pour les vainqueurs des batailles navales de Salamine et d'Artémision. De ces derniers aussi il y a beaucoup à dire, et quels assauts ils ont soutenus à la fois sur terre et sur mer, et comment ils les ont repoussés ; mais ce qui me paraît être chez eux aussi le plus beau titre de gloire, je le rappellerai en disant qu'ils ont consommé l'œuvre commencée par les soldats de Marathon. Les soldats de Marathon avaient seulement montré aux Grecs qu'il était possible de repousser une multitude de barbares avec une poignée d'hommes ; mais avec des vaisseaux, c'était à voir encore : les Perses avaient

la réputation d'être invincibles sur mer par le nombre, la richesse, l'habileté et la force. Aussi ce qui mérite d'être loué chez ceux qui combattirent alors contre la flotte, c'est qu'ils dissipèrent cette seconde crainte des Grecs et mirent fin à la peur qu'inspirait la multitude des vaisseaux et des hommes. Le résultat, dû à la fois à ceux qui combattirent à Marathon et à ceux qui combattirent sur mer à Salamine, c'est l'enseignement donné aux autres Grecs, qui, grâce d'une part aux combattants sur terre, et de l'autre aux combattants sur mer, apprirent et s'habituèrent à ne pas craindre les barbares.

Au troisième rang, par la date et le mérite, je place ce qui fut fait à Platée pour la liberté de la Grèce, et cette fois par les Lacédémoniens et les Athéniens réunis. Le péril était immense et formidable ; à eux tous, ils le repoussèrent, et la vaillance qu'ils déployèrent en cette occasion leur vaut aujourd'hui nos éloges et leur vaudra dans l'avenir ceux de la postérité[1].

D'UN MONUMENT, L'AUTRE

Pour tenter d'approcher le dessein *mémorial* de la tragédie d'Eschyle, il faut peut-être remonter plus haut dans l'histoire d'Athènes : à une affaire curieuse et pleine de rebondissements qui scandent l'histoire complexe des rapports entre la guerre et l'établissement de la démocratie.

En 514 avant notre ère, le fils du tyran Pisistrate, Hipparque, est assassiné par Harmodius et Aristogiton ; en 510, son second fils, Hippias, est renversé grâce à l'aide de Sparte. S'ensuit une période de désordres pendant laquelle Hippias se réfugie chez le roi de Perse, animé d'un désir de vengeance, voire de restauration de la tyrannie à Athènes. Dès 510, la cité a fait exécuter par le sculpteur Anténor un

---

1. Platon, *Ménexène*, 240a-241c ; éd. cit., p. 301-303.

groupe statuaire représentant Harmodios et Aristogiton dans leur posture de meurtriers. Or les Perses, lors du sac d'Athènes par Xerxès, en 480, peu avant Salamine, l'ont dérobée et emportée en Asie, non point tant par amour de l'art grec – Xerxès s'intéressait davantage aux trésors du sanctuaire de Delphes et aux offrandes faites par Crésus qu'il comptait y trouver – que par esprit de représailles et d'outrage. L'œuvre ne sera restituée qu'au IIIᵉ siècle. En 477, attestant son caractère hautement symbolique, et pour effacer l'offense perse, Athènes fait à nouveau réaliser un monument commémoratif à Harmodios et Aristogiton, qui sera établi cette fois sur l'Agora•.

• *Cet hommage exceptionnel rendu sur décision de l'assemblée sera multiplié à l'infini par nombre de vases, de monnaies, puis par des bas-reliefs et des copies romaines.*
Une des copies du groupe statuaire d'Harmodios et Aristogiton se trouve au Musée de Naples.

On constate que la victime des tyrannicides n'y est pas représentée – chose étrange – et que le geste des « libérateurs » n'a pas de destinataire identifié. Cette lacune laisse toute liberté de redéfinir l'ennemi du moment. Le monument est donc devenu le symbole de la résistance victorieuse à toute oppression tyrannique, que ce soit celle d'un « tyran » ou d'un despote oriental[1].

On est tenté de rapprocher ce groupe de *vainqueurs sans vaincu* de la pièce des *Perses*, où les vaincus nous sont abondamment nommés, dénombrés, puis exhibés en la personne de Xerxès, sans que jamais un nom de chef ou de soldat grec soit prononcé : *vaincus sans vainqueur*. Ainsi ajoutant à tous ces hauts lieux de la mémoire athénienne que l'Attique offrait, aux regards de Pausanias entre autres – à Marathon, le tombeau des Athéniens et le tombeau des Mèdes, à Athènes, au temple

---

1. On peut se reporter à l'ouvrage de Burkard Fehr, *Les Tyrannoctones (peut-on élever un monument à la démocratie ?)*, traduit de l'allemand par Aude Virey-Vallon, Adam Biro, coll. « Un sur Un », 1989.

d'Eukléia, l'épitaphe d'Eschyle, dans la *Stoa Poikilè*, la peinture représentant Marathon[1] –, la tragédie d'Eschyle propose un autre type de *mnémeion*, de monument aux deux sens du terme : *œuvre durable* et *souvenir-qui-fait-penser*. De plus, ce *mnémeion* se trouve à la fois déclamé par la voix au théâtre (le terme désigne d'abord un conseil de remémoration que l'on prononce à haute voix) et écrit, fixé pour le temps à venir, sur les tablettes qu'Eschyle a transmises. Que l'on repense à l'injonction faite par Darius à son serviteur, de lui rappeler trois fois à chaque repas : « Maître, souviens-toi des Athéniens[2] », selon Hérodote. Dans la pièce d'Eschyle, Darios prononce une invite à se souvenir qui s'y apparente beaucoup (v. 823-824) :

Considérez ces actes, et leur châtiment,
et souvenez-vous bien d'Athènes, de la Grèce.

Pour le personnage, il s'agit de garder la mémoire, instructive, d'une défaite née de la présomption. Mais par le jeu de la double énonciation propre à l'art dramatique, la formule sonnait, pour Eschyle et son public, comme une façon d'éterniser leur juste victoire, et d'en faire un avertissement pour tous ceux qui se hasarderaient à les affronter ; mais un avertissement pour eux-mêmes aussi bien, les invitant à se garder de l'*hybris*.

Dans l'esprit des auteurs classiques, c'est précisément la mission de la poésie que d'édifier de tels monuments de parole. Plus de deux générations après Eschyle, Aristophane•, dans sa comédie *Les Grenouilles*,

• *Aristophane (ca. 446-ca. 388 avant notre ère) est le plus grand des dramaturges grecs qui se soient illustrés dans la comédie. On conserve onze de ses pièces sur les quarante-quatre qu'il semble avoir composées ; elles témoignent suffisamment de son ironie mordante et de sa manière truculente Certaines évoquent encore le souvenir des grandes batailles contre les Perses :* Les Acharniens, Les Cavaliers, Les Guêpes.

---

1. Pausanias, dans sa *Description de l'Attique*, XV, mentionn tous ces « lieux de mémoire »
2. Hérodote, *Histoire*, V, 106

portera sur la scène le vieux poète tragique : il imagine, aux Enfers, une « pesée de la tragédie » (v. 798), qui fait s'affronter Eschyle et son plus jeune rival, Euripide. Pour donner finalement le dessus à la manière certes archaïque et rude, mais vigoureuse et morale, du grand aîné, qui peut constater fièrement (v. 868) : « Mon œuvre n'est pas morte avec moi »...

CARTES ET TABLEAU GÉNÉALOGIQUE

1. L'Empire perse
2. La campagne de Xerxès en 480 avant notre ère
3. La bataille de Salamine
4. Tableau généalogique de la dynastie achéménide

244 *Les Perses*

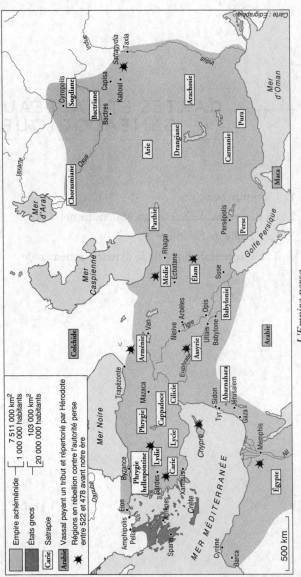

L'Empire perse

Cartes et tableau généalogique 245

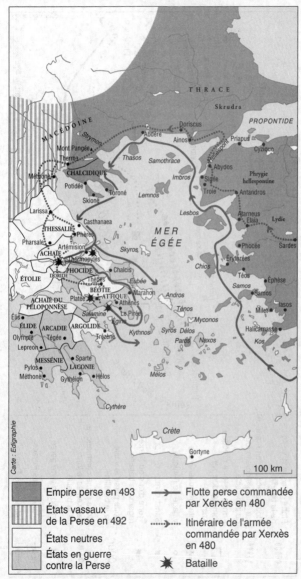

La campagne de Xerxès en 480 avant notre ère

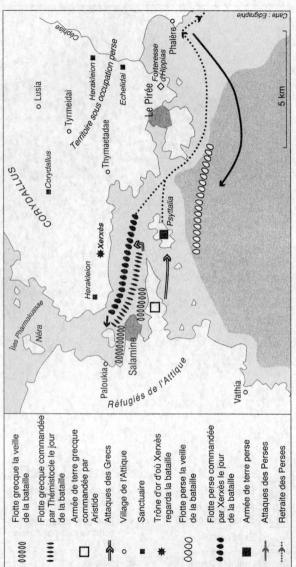

La bataille de Salamine

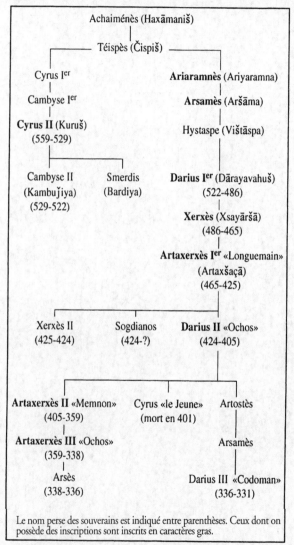

Tableau généalogique de la dynastie achéménide

BIBLIOGRAPHIE

ÉDITIONS DES *PERSES* ET DU THÉÂTRE D'ESCHYLE

(par ordre chronologique)

Charles J. Blomfield, *Æschyli Persæ*, Cambridge, typis ac sumptibus academicis, 1814 ; rééd. 1818-1857.

Frederick Paley, *Æschyli Persæ*, Cambridge, J. & J.J. Deighton, 1847.

Art. Sidgwick, *Æschylus. Tragœdiæ cum fabularum deperditarum fragmentis, poetæ vita et operum catalogo*, Oxford, Clarendon Press, 1900.

Ulrich von Wilamowitz-Möllendorff, *Æschyli Tragœdiæ*, Berlin, Weidmann, 1914.

Paul Mazon, *Eschyle. Œuvres*, t. I (*Les Suppliantes, Les Perses, Les Sept contre Thèbes, Prométhée enchaîné*), Les Belles Lettres, « Collection des Universités de France », 1921.

Gilbert Murray, *Æschyli septem quæ supersunt Tragœdiæ*, Oxford, Clarendon Press, 1937.

Oskar Werner, *Aischylos. Tragödien und Fragmente*, München – Zürich, Artemis Verlag, 1959.

H.D. Broadhead, *The Persæ of Æschylus*, edited with Introduction, Critical Notes and Commentary, Cambridge, University Press, 1960.

Louis Roussel, *Eschyle : Les Perses*, texte, traduction et commentaire, Montpellier, Publications de la Faculté des lettres et sciences humaines de Montpellier, 1960.

Denys Page, *Æschyli septem quæ supersunt Tragœdiæ*, Oxford, Clarendon Press, « Scriptorum Classicorum Bibliotheca Oxoniensis », 1972.

Jacqueline de Romilly [dir.], *Eschyle. Les Perses*, édition, introduction et commentaire par un groupe de Normaliens, PUF, coll. « Érasme », 1974.

Martin L. West, *Æschyli Tragœdiæ, cum incerti poetæ Prometheo*, Stuttgart, Teubner, « Biblioteca Scriptorum Græcorum et Romanorum Teubneriana », 1990.

OUVRAGES DE RÉFÉRENCE

R.D. Dawe, *The Collation and Investigation of Manuscripts of Æschylus*, Cambridge, Cambridge University Press, 1964.

Gabriel Italie, *Index Æschylus*, 2nd ed., edited by S.L. Radt, Leiden, Brill, 1964.

L.D. Reynolds & N.G. Wilson, *D'Homère à Érasme. La transmission des classiques grecs et latins*, traduit par C. Bertrand, mis à jour par P. Petitmengin, CNRS, 1991.

Aleksander Turyn, *The Manuscript Tradition of the Tragedies of Æschylus*, New York, 1943 ; *reprint* Hildesheim, Georg Olms, 1967.

André Wartelle, *Histoire du texte d'Eschyle dans l'Antiquité*, Paris, Les Belles Lettres, 1971.

André Wartelle, *Bibliographie historique et critique d'Eschyle. 1518-1974*, Paris, Les Belles Lettres, 1978.

LE CONTEXTE HISTORIQUE ET CULTUREL DES *PERSES*

Pierre Amiet, *L'Art antique du Proche-Orient*, Mazenod, coll. « l'Art et les grandes civilisations », 1977.

Aristophane, *Théâtre complet*, textes présentés, établis et annotés par Pascal Thiercy, Gallimard, « Bibliothèque de la Pléiade », 1997.

Aristote, *Constitution d'Athènes*, texte établi et traduit par Georges Mathieu et Bernard Haussoullier, Les Belles Lettres, « Collection des Universités de France », 1922.

Athènes au temps de Périclès, coll. « Âges d'Or et Réalités », 1964 (collectif; contient notamment des études de Robert Flacelière, « Le théâtre », et de Pierre Vidal-Naquet, « La guerre tragique »).

Émile Benveniste, *Le Vocabulaire des institutions indo-européennes, 2. Pouvoir, droit, religion*, Éditions de Minuit, coll. « Le sens commun », 1969.

Pierre Briant, *Darius, les Perses et l'Empire*, Gallimard, coll. « Découvertes » n° 159, 1992.

Pierre Briant, *Histoire de l'Empire perse, de Cyrus à Alexandre*, Fayard, 1996.

Euripide, *Théâtre complet. I* (*Andromaque, Hécube, Les Troyennes, Le Cyclope*), introduction générale de Monique Trédé, postface de Pierre Vidal-Naquet, traductions, notices et notes de Laurence Villard, Claire Nancy et Christine Mauduit, Flammarion, « GF » n° 856, 2000.

Burkhard Fehr, *Les Tyrannoctones. Peut-on élever un monument à la démocratie ?*, traduit de l'allemand par Aude Virey-Wallon, Adam Biro, coll. « Un sur Un », 1989.

Louis Gernet, *Anthropologie de la Grèce antique*, préface de Jean-Pierre Vernant, Maspéro, 1968 ; rééd. Flammarion, coll. « Champs », 1982.

Guerres et sociétés dans les mondes grecs à l'époque classique. Actes du colloque de Dijon, mars 1999, in *Pallas, revue d'études antiques*, n° 51 (1999).

Victor Davis Hanson, *Les Guerres grecques. 1400-146 av. J.-C.*, traduit par Laurent Bury, Autrement, coll. « Atlas des guerres », 1999.

Hérodote, *L'Enquête* [*Histoire*], texte présenté, traduit et annoté par Andrée Barguet, Gallimard, « Bibliothèque de la Pléiade », 1964 ; rééd. coll. « Folio », 2 vol. (Livres I-IV & Livres V-IX), 1990.

Hippocrate, *Airs eaux et lieux*, traduction de Pierre Maréchaux, Rivages, « Petite Bibliothèque », 1996.

Homère, *L'Odyssée*, traduction de Philippe Jaccottet, Club Français du Livre, coll. « Portiques », 1955 ; rééd. La Découverte, 1992.

Les Inscriptions de la Perse achéménide, traduit, présenté et annoté par Pierre Lecoq, Gallimard, coll. « L'aube des peuples », 1997.

Robert Morkot, *Atlas de la grèce antique. 6500 à 30 av. J.-C.*, traduit par Catherine Chichereau, Autrement, coll. « Atlas/Mémoires », 1999.

Olivier Picard, *Les Grecs devant la menace perse*, SEDES, coll. « Regards sur l'histoire », 1980.

Platon, *Ménexène*, in *Protagoras et autres dialogues*, traduction, notices et notes par Émile Chambry, Garnier-Flammarion, coll. « GF » n° 146, 1967.

Salomon Reinach, *Cultes, mythes et religions*, édition établie, présentée et annotée par Hervé Duchêne, Avant-propos par Pierre Brunel, Laffont, coll. « Bouquins », 1996.

Thucydide, *La Guerre du Péloponnèse*, texte établi et traduit par Jacqueline de Romilly, Les Belles Lettres, « Collection des Universités de France », 1962.

Henri van Effenterre, *L'Histoire en Grèce*, Colin, coll. « U2 », 1967.

Pierre Vidal-Naquet, *La Guerre, la Grèce et la paix*, Paris-Tübingen, Isele, coll. « Le Divan », 1999.

ÉTUDES GENERALES SUR LA TRAGÉDIE

Aristote, *Poétique*, introduction, traduction et annotation de Michel Magnien, Le Livre de Poche, série « Classique », 1990.

Philippe Brunet, *La Naissance de la littérature dans la Grèce ancienne*, Le Livre de Poche, série « Références », 1997.

Luciano Canfora, *Histoire de la littérature grecque d'Homère à Aristote*, traduit par Denise Fourgous, Desjonquères, coll. « La mesure des choses », 1994.

Paul Demont & Anne Lebeau, *Introduction au théâtre grec antique*, Le Livre de Poche, série « Références », 1996.

Gerald F. Else, *The Origin and Early Form of Greek Tragedy*, Cambridge (Mass.), Harvard University Press, « Martin Classical Lecture », 20, 1965.

John Herington, *Poetry into Drama : Early Tragedy and the Greek Poetic Tradition*, Berkeley, California University Press, 1985.

Longin [attr. à], *Du Sublime*, traduction, présentation et notes de Jackie Pigeaud, Rivages, « Petite Bibliothèque », 1991.

Nicole Loraux, *La Voix endeuillée. Essai sur la tragédie grecque*, Gallimard, coll. « nrf essais », 1999.

C. Meier, *De la tragédie grecque comme art politique*, Les Belles Lettres, 1991.

Arnaldo Momigliano, *Sagesses barbares. Les limites de l'hellénisation*, traduit de l'anglais par Marie-Claude Roussel, Maspéro, coll. « Textes à l'appui », 1979.

Friedrich Nietzsche, *Naissance de la tragédie*, traduction de Michel Haar, Philippe Lacoue-Labarthe et Jean-Luc Nancy, Gallimard, coll. « Œuvres philosophiques complètes de F. Nietzsche », I, 1977 ; rééd. coll. « Folio ».

Jacqueline de Romilly, *L'Évolution du pathétique, d'Eschyle à Euripide*, PUF, 1961.

Jacqueline de Romilly, *La Tragédie grecque*, PUF, coll. « Littératures anciennes », 1970.

Jacqueline de Romilly, *Le Temps dans la tragédie grecque*, Vrin, coll. « Sciences de l'homme », 1971.

Suzanne Saïd, *La Faute tragique*, Maspéro, coll. « Textes à l'appui », 1978.

Jean-Pierre Vernant & Pierre-Vidal-Naquet, *Mythe et tragédie en Grèce ancienne*, t. I & II, La Découverte, coll. « Textes à l'appui », 1972-1986.

ÉTUDES CRITIQUES SUR ESCHYLE ET SUR *LES PERSES*

D.J. Conacher, « Æschylus' *Persæ* : A Literary Commentary », in *Serta Turyniana*, ed. by John L. Heller, Urbana, University of Illinois Press, 1974.

Maurice Croiset, *Eschyle. Études sur l'invention dramatique dans son théâtre*, Paris, 1928.

Marie Delcourt, *Eschyle*, Rieder, coll. « Maîtres des littératures », 1934.

John Herington, *Æschylus*, New Haven & London, Yale University Press, 1986.

James C. Hogan, *Æschylus. A Commentary on the Complete Greek Tragedies*, Chicago & London, The University of Chicago Press, 1984.

Georges Méautis, *Eschyle et la trilogie*, Grasset, 1936.

Ann N. Michelini, *Tradition and Dramatic Form in the Persians of Æschylus*, Leiden, E.J. Brill, « Cincinnati Classical Studies », New Series, IV, 1982.

Alain Moreau, « L'attelage et le navire : la rencontre de deux thèmes dans l'œuvre d'Eschyle », *Revue de philologie de littérature et d'histoire anciennes*, LIII, 1 (1979), p. 98-115.

Gilbert Murray, *Æschylus. The Creator of Tragedy*, Oxford, Clarendon Press, 1940.

Jacques Péron, « Réalité et au-delà dans *Les Perses* d'Eschyle », *Bulletin de l'Association Guillaume Budé*, 1982, n° 1, p. 3-40.

A.J. Podlecki, *Æschylus : The Persians. A Translation with Commentary*, London, Prentice Hall, 1970.

A.J. Podlecki, *The Political Background of Æschylean Tragedy*, Ann Arbor, University of Michigan Press, 1966.

Karl Reinhardt, *Eschyle. Euripide*, traduit et préfacé par Emmanuel Martineau, Éditions de Minuit, 1972 ; rééd. Gallimard, coll. « Tel », 1991.

Jacqueline de Romilly, *La Crainte et l'angoisse dans le théâtre d'Eschyle*, Les Belles Lettres, 1938.

Thomas G. Rosenmeyer, *The Art of Æschylus*, Berkeley, Los Angeles & London, University of California Press, 1982.

Mae J. Smethurst, *The Artistry of Æschylus and Zeami. A Comparative Study of Greek Tragedy and Nô*, Princeton, University Press, 1989.

Oliver Taplin, *The Stagecraft of Æschylus*, Oxford, Clarendon Press, 1977.

W.G. Thalmann, « Xerxes' Rags : Some Problems in Æschylus' *Persians* », *American Journal of Philology*, 101 (1980), p. 260-282.

George Thomson, *Æschylus & Athens. A Study in the Social Origins of Drama*, London, Lawrence & Wishart, 1941.

Ulrich von Wilamowitz-Möllendorf, *Aischylos Interpretationen*, Berlin, Weidman, 1914.

GF Flammarion

14/07/191771-VII-2014 – Impr. MAURY Imprimeur, 45330 Malesherbes.
N° d'édition L.01EHPN000657.A004 – Mai 2014 – Printed in France.